AF349213

HISTORIA DE ROMA

PAIDÓS ORÍGENES

PIERRE GRIMAL

HISTORIA DE ROMA

PAIDÓS

Barcelona
Buenos Aires
México

Título original: *Histoire de Rome*, de Pierre Grimal
Publicado en francés, en 2003, por Mille et Une Nuits, París

Traducción de Lucas Vermal

Cubierta de Joan Batallé

Esta obra se benefició del P.A.P. GARCÍA LORCA, Programa de Publicación del Servicio
de Cooperación y de Acción Cultural de la Embajada de Francia en España y del Ministerio
francés de Asuntos Exteriores.

1ª edición, 2005
8ª impresión, mayo 2024

ISBN: 978-84-493-1678-4
Depósito legal: B. 44.480-2010

El papel de este libro procede de bosques gestionados de forma sostenible y
de fuentes controladas

Impreso en España – *Printed in Spain*

Ubi tu Gaius, ego Gaia

Sumario

Capítulo 1

La aldea de los primeros tiempos

En nuestros días, después de subir las cuestas del Palatino y atravesar el caos de ruinas de lo que un día fue el palacio de los emperadores romanos, se llega a una angosta plataforma que domina el valle del Tíber. Ésta, antiguamente cubierta por tierra que traían las lluvias y por toda clase de desechos, hoy está despejada, y en el suelo aparecen los vestigios de una singular aldea que se levantaba en este lugar hace casi tres mil años. Esta aldea, que quizá comprendiera unas decenas de modestas cabañas hechas con ramas entrelazadas y sostenidas por postes de madera, es todo lo que queda de la Roma más antigua.

A los romanos, orgullosos de sus orígenes, les gustaba contar que su primer rey había fundado la ciudad en aquel lugar. A ese rey lo llamaban Rómulo. Fue el primer romano. Había sido educado en aquella misma colina por un pastor, el buen Fáustulo, que lo había recogido, junto a Remo, su hermano gemelo, cuando no eran más que dos recién nacidos abandonados en una cesta de mimbre, que el río, en plena crecida, había llevado hasta los pies del Palatino.

Y es que Rómulo y Remo eran de origen real. Eran hijos de la sobrina del rey de Alba. Los había tenido, según se decía, con el propio Marte, pero el rey temía que aquellos niños lo destronaran algún día. Así es que los hizo abandonar al borde del río, convencido de que el frío, la falta de cuidados y el agua darían buena cuenta de esos dos inquietantes sobrinos. Pero no había contado con la voluntad de los dioses. La cuna flotante quedó varada a orillas del río en una zona seca; una loba, el animal de Marte, se recostó junto a los niños, los calentó con su calor y los alimentó con su leche. Finalmente, habían sido recogidos por Fáustulo, quien los había llevado a su cabaña. Los trató como si fueran sus propios hijos y, como quiera que sospechaba su origen, terminó desvelándoles el secreto de su nacimiento.

Cuando Rómulo y Remo se hicieron mayores y fuertes, destronaron a su tío-abuelo, lo sustituyeron por su abuelo y volvieron al país de su infancia con la intención de crear un reino. Decidieron fundar sobre el Palatino una ciudad que llamarían Roma. Pero los hermanos no tardaron en pelearse y, para reinar solo —o quizá simplemente porque Remo se había burlado de él—, Rómulo mató a su hermano.

Desde lo alto del Palatino, donde Rómulo había fundado su ciudad, se divisa una larga colina sobre la que antaño se levantaba la ciudad de Alba. Se perfila en el horizonte, sobre la llanura del Lacio. Aún más lejos están las primeras cumbres de los Apeninos, que en esta zona reciben el nombre de montes Sabinos, cuyas líneas azuladas, a menudo esfumadas por la bruma, se confunden con el cielo. A la derecha, el amplio valle del Tíber desciende lentamente hacia el mar. Tras la región de Alba está el mar, en el que los romanos situaban el origen lejano de su raza. Para ellos, los reyes de Alba, ancestros de Rómulo, descendían de Eneas, que un día había llegado a la costa, al mando de una flota numerosa, cerca de la desembocadura del Tíber, donde yacen hoy en día las ruinas de la ciudad de Ostia. Eneas se había escapado de Troya, la rica ciudad frigia que había sucumbido, tras un asedio de diez años, a los ataques de los griegos. Eneas y sus compañeros eran casi los únicos supervivientes de esta epopeya, cuya gloria había colmado todo el mundo mediterráneo varios siglos antes de la fundación de Roma. Además de su fama, habían traído a Italia central los rudimentos de su brillante civilización asiática. Por primera vez se habían visto en el Lacio tejidos bordados y teñidos de púrpura, joyas de oro y magníficas armas. También era la primera vez que se conocían leyes, jefes más obedecidos que temidos, y los hombres habían aprendido a buscar refugio detrás de las murallas con tal de llevar una vida tranquila. De modo que, aunque su ciudad no había sido, en un principio, más que una modesta aldea, los romanos no tenían en absoluto la sensación de ser «arribistas». Se consideraban más bien los descendientes venidos a menos, y esto último no hacía sino conferirles mayor mérito, de una antigua nobleza. ¡Acaso no había sido elegido Eneas para perpetuar la raza, entre todos los troyanos, por haber demostrado siempre una singular «piedad», obedecido las órdenes de los dioses, arriesgado su vida con tal de salvar a su padre Anquises de las llamas de Troya el día de la toma de la ciudad, dejado de lado sus riquezas y llevado consigo en cambio las estatuas de sus dioses familiares! El recuerdo de Eneas, el prestigio de sus virtudes, borraban la mancha del fratricidio de Rómulo, que había ensangrentado el nacimiento de la ciudad.

Rómulo había elegido para fundar Roma un lugar casi desierto. Toda la región y sus alrededores estaban cubiertos de bosques. En los claros pastaban los rebaños. A uno y otro lado se levantaban sobre las colinas aldeas parecidas a las del Palatino. En los valles, los pantanos dificultaban el tránsito. El Palatino estaba rodeado de pantanos. En cuanto al río, la menor crecida inundaba la ribera y llenaba los dos vallejos que rodeaban la colina de agua amarillenta. Los torrentes que, de ordinario, ocupaban su fondo quedaban entonces bloqueados y se distribuían por capas profundas. Ya no se podía acceder al pueblo más que por una estrecha «senda», que lo conectaba con las demás colinas, hacia el este. Estas condiciones en sí muy apreciables, puesto que garantizaban una defensa cómoda, parecían vetar a Roma un gran destino: ¿cómo podría una auténtica ciudad establecerse en un lugar tan incómodo?; ¿cuántas obras serían necesarias para secar estos bajos fondos insalubres, inhabitables, en los que pululaba la fiebre? Poca tierra cultivable en los alrededores, nada de caminos y la cercanía de un río rápido, difícil de atravesar y cuya otra orilla estaba ocupada por un pueblo enemigo.

Al norte del Tíber empezaba el país etrusco. Hoy en día, apenas sabemos quiénes fueron los etruscos o, mejor dicho, los encontramos instalados en la Italia central, hacia la época de la fundación de Roma, pero no sabemos de dónde procedían. Era un pueblo extraño, que dejó una profunda huella en tierras italianas. Para nosotros, es sobre todo el pueblo que construyó magníficas tumbas, que encontramos en inmensas necrópolis desde Florencia hasta Tarquino, a las puertas de Roma. En estas necrópolis, aquel pueblo dejó las imágenes de lo que era su vida: sus juegos, en los que concurrían sus atletas pero también eran sacrificados los prisioneros de guerra para honrar el alma de los muertos, sus festines, sus danzas, sus ritos sagrados. A menudo, el interior de las tumbas etruscas está dispuesto como las casas de los vivos. Los cadáveres se tendían sobre camas parecidas a las que se empleaban para dormir; bajo la cama, las sandalias, esperando el despertar del durmiente. Junto al cadáver de una mujer se depositaban joyas, o bien el soplillo que usaba para atizar el fogón familiar. Más allá, sobre la tapa de los sarcófagos, se ve al muerto y a su mujer, tumbados, como sobre un triclinio, para un banquete eterno. Todo ello nos habla de un pueblo alegre, vivaz, enamorado de la vida y de sus placeres, y que no se resignaba a renunciar para siempre a la luz y la felicidad de la tierra.

La muerte para ellos estaba repleta de fantasmas, de tormentos. En las paredes de ciertas tumbas hay pinturas que nos muestran a demonios de los infiernos con el pico punzante, las garras afiladas, alas de rapaces nocturnas, máscaras expresivas; todo lo que esperaba al condenado. Así es que mientras vivían, los etruscos se afanaban en rezar a los dioses a fin de merecer con su piedad las recompensas del Más allá. Cada ciudad etrusca contaba con varios templos que se levantaban sobre montículos. Desde allí, el dios o la diosa bendecía a los vivos. Los sacerdotes celebraban muchas ceremonias para contar con el favor de las potencias celestes. Los adivinos estudiaban al detalle los menores signos que aparecían en el cielo; seguían con atención el vuelo de los pájaros; dependiendo de si los veían por la derecha o por la izquierda, hacia el norte o hacia el sur, o de si los cuervos, o los buitres, volaban en bandadas o solos, cambiaba el presagio. También sabían descifrar las entrañas de las víctimas que se sacrificaban ante los altares; conocían las reglas para interpretar la forma o el color del hígado de un toro destripado y eran capaces de saber lo que significaba un nacimiento monstruoso, una vaca de dos cabezas, un cordero con cinco patas o una tormenta fuera de temporada, todo lo que se salía de lo normal y debía ser, por tanto, considerado como un «signo».

El prestigio de los adivinos etruscos y de sus dioses era muy grande en toda la Italia central. Y es que los etruscos sabían construir templos magníficos y crear imágenes sagradas tan bellas, rostros tan impregnados de majestad, que su poder saltaba a la vista. En cuanto Roma hubo crecido un poco, sus habitantes quisieron tener estatuas de esa clase y se las encargaron a artistas etruscos. Así es que el primer ídolo de Júpiter, dios supremo de Roma, fue una gran estatua de barro cocido, moteada de vivos colores: su rostro estaba pintado de un ocre rojo, su vestimenta, un manto púrpura bordado con hojas de oro. Este Júpiter ofrecía un aspecto imponente sobre el Capitolio, donde fue instalado. También los templos construidos en esta misma época estaban decorados con placas de tierra cocida y pintada; el reborde de los techos estaba provisto de grandes tejas con forma de palmeta y sobre la techumbre se disponían demonios y dioses cuya silueta se recortaba sobre un fondo de cielo.

No eran los etruscos quienes habían inventado todas estas maravillas; los modelos que habían imitado estaban en Asia, de donde acaso provinieran también algunos etruscos; además, seguían manteniendo un comercio activo con las regiones más lejanas del Mediterráneo oriental. Los barcos de mercaderes de Mileto o Focea viajaban hasta Etruria; transportaban objetos de arte, vasijas pintadas, tal y como se fabricaban en su país, joyas, estatuillas, vino y aceite, y regresaban a Oriente cargados de minerales, bronce, plomo, de los que había grandes cantidades en las minas de Etruria. Los puertos etruscos de esa región, que más adelante recibirá el nombre de «Toscana», eran ventanas abiertas al exterior. Gracias a sus vecinos etruscos, Roma no estaba aislada del mundo. Las artes, las ideas e incluso los dioses de Grecia y de Oriente llegaban a Roma cuando aún no era más que una insignificante aldea.

Capítulo 2

La época de los reyes

El fundador de una ciudad no podía menos que ser su rey, y por eso Roma estuvo en sus inicios sometida a reyes. Había reyes en Alba, y, en la región no se conocían otras formas de gobierno. El rey no era un personaje cualquiera, llamado al trono por casualidad y mantenido en él sólo por el consentimiento de sus súbditos. Era designado por los dioses. Es más, era la viva imagen del gran dios de la ciudad, ese Júpiter que reina en el Capitolio, una de las colinas cercanas al Palatino. El poder del rey no era más que el reflejo de la omnipotencia de Júpiter, de modo que no debe sorprender que, una vez desaparecido del mundo de los vivos, Rómulo fuera considerado un dios. En efecto, nunca se lo había visto como a un mortal del todo ordinario. Es cierto que era hijo de Marte y que, por el lado de su madre, estaba emparentado con Venus, pero muchos de sus sucesores, de menor linaje, fueron admitidos en la familia de los Inmortales. Numa, quien lo sucedió, tenía por costumbre conversar por la noche con una ninfa de una fuente cercana de la ciudad. Esta ninfa se llamaba Egeria y le daba excelentes consejos; también se cuenta que le dictó todas las reformas religiosas que proyectó y llevó a cabo. Ésa es una de las razones por las que los romanos estaban convencidos de la excelencia de su religión —cuyas principales instituciones hacían remontar hasta Numa—, pensando que si quien había decretado la forma de los sacrificios, la fechas de las fiestas o el número de sacerdotes, era una divinidad, nadie podía haberlo hecho mejor que ella, ni estar más enterado de los gustos de los Inmortales.

A veces, bastaba que el cielo enviara una señal para que un rey fuera designado y llevado al poder. Los adivinos se empleaban a fondo en la interpretación de los más extraños prodigios. No sólo se consideraban como una advertencia de los dioses todos los truenos (que no son nada raros en Italia, desde la primavera hasta el otoño y, a veces, incluso durante el invierno), sino que se concedía una importancia capital a hechos que hoy en día no nos merecerían la menor atención. Si una reina tenía un sueño, todos los adivinos se desvivían por descubrir su significado; si las sirvientas del palacio creían ver una aureola luminosa en torno a la cabeza de un pequeño esclavo dormido, el niño, hijo de quién sabe quién, era educado como si descendiera de un gran señor, y preparado para sustituir algún día en el trono a quien había sido su amo. Ésa fue la aventura de Servio Tulio, el penúltimo rey de los romanos y quizá, tras Rómulo, uno de los más grandes que conoció la ciudad. Los dioses no siempre se equivocaban, sobre todo cuando contaban con intérpretes tan sagaces o mujeres tan sutiles como la reina Tanaquil, en cuya casa nació el joven Servio, a quien supo imponer a las preferencias de los romanos.

Roma había crecido a gran velocidad, con una rapidez que los romanos nunca se cansaron de admirar, no sin razón. Reconocían que al principio Rómulo no se había mostrado especialmente escrupuloso, pero ¿acaso hay que molestar a un político mientras planea algo tan grande como Roma?

Los primeros compañeros de Rómulo no fueron muchos. Apenas unos cuantos campesinos y pobres diablos del Lacio. Una ciudad no se funda con un puñado de hombres. Rómulo tuvo entonces la idea de abrir un «asilo»: declaró que cierto bosque sagrado, en el Capitolio, se convertiría en un asilo inviolable para cualquiera que buscara refugio en él, fuera quien fuera, esclavo, fugitivo, deudor insolvente, ladrón o incluso asesino. En cuanto hubiera atravesado el límite del bosque, nadie podría pedirle cuentas. Así que acudieron a Roma aventureros de todos los rincones de Italia. Seguramente quienes llegaron al bosque del Capitolio no eran los burgueses más respetables de las pequeñas ciudades, pero tampoco vayamos a creer que todos eran criminales sin escrúpulos y ansiosos por cometer fechorías.

Ya por entonces la vida de los pobres era dura; quienes no tenían tierras vendían el trabajo de sus manos, pero, de hecho, se convertían prácticamente en esclavos de sus amos. Para escapar a esa condición, muchos trabajadores agrícolas solicitaron convertirse en ciudadanos dc Roma. Al menos podían alentar la esperanza de conseguir un poco de tierra en una ciudad nueva, en la que quedaban plazas libres. Gracias a la afluencia de estos inmigrantes, Roma creció muy deprisa, como crecieron las ciudades americanas del centro y del oeste durante el siglo pasado. La aldea del Palatino no tardó en quedarse pequeña. Se desbrozaron las colinas adyacentes, el Quirinal, el Viminal, el Esquilino, el Aventino; se emprendió la tarea de desecar los pantanos y, en unos años, Roma se convirtió en una ciudad bastante presentable, con varios barrios, una plaza, el Foro, donde se reunían los ciudadanos, y, sobre todo, un grandioso circo, en el que se celebraban carreras de carros. Estas carreras eran por aquel entonces un espectáculo muy popular

—seguirían siéndolo durante toda la historia de Roma— y la gente llegaba desde muy lejos para asistir a las fiestas que las incluían en su programa. Esto sugirió a Rómulo la solución a un problema que le preocupaba desde hacía mucho tiempo.

Los habitantes de la joven Roma, cada vez más numerosos, eran todos hombres en la flor de la vida. Pero junto a ellos no había ninguna mujer. ¿Qué sería de la ciudad cuando sus primeros ciudadanos fueran viejos? Los romanos habían pedido la mano de las hijas de sus vecinos; se habían dirigido a los pueblos latinos de la llanura y a las aldeas de la planicie, donde vivían los sabinos, hermanos de raza, que habían bajado de las montañas unos siglos antes. Pero latinos y sabinos habían rechazado la oferta, alegando que no querían tener por yernos a hombres de origen desconocido y que, con toda probabilidad, abandonarían al poco tiempo a sus mujeres, igual que antes habían abandonado sus patrias. Así pues, los romanos seguían solteros. He aquí la estratagema que finalmente ideó Rómulo: anunció la celebración de una gran fiesta en honor al dios Neptuno y la disputa de una carrera de carros. Los sabinos y los latinos afluyeron masivamente, el día convenido, con sus hijos y mujeres. Tomaron asiento en el circo y empezaron los juegos. Pero mientras los ojos de los invitados estaban puestos en la pista, los romanos, advertidos por Rómulo, se hicieron con las hijas de los sabinos, que se encontraban junto a sus padres, y las arrastraron hasta las casas de los principales ciudadanos, mientras el resto de los espectadores se retiraba en medio de la confusión y el tumulto.

Al día siguiente, los padres de las jóvenes raptadas fueron a protestar ante el rey, pero éste se negó a devolvérselas. Entonces, los sabinos pidieron ayuda a Tito Tacio, el rey más poderoso de su nación, y Tito Tacio reunió a todas las fuerzas de los ejércitos sabinos sin excepción para dar su merecido a quienes tachaba de bandidos y embusteros. Poco después, los sabinos marcharon sobre Roma y el combate se libró sobre la explanada del Foro. Los sabinos los superaban en número, y aunque los romanos eran de hecho, más jóvenes y aguerridos, en el primer choque se vieron superados y retrocedieron hasta el pie del Palatino. Allí, gracias a la intervención de Júpiter, a quien imploraba Rómulo, sus batallones pudieron recuperarse y reorganizarse, tras lo cual volvieron al ataque y repelieron a los sabinos hasta su punto de partida.

Apenas había transcurrido la mitad del día y la tarde amenazaba con ser aún más sangrienta que la mañana, cuando de repente irrumpió entre los dos ejércitos un grupo de mujeres vestidas de luto: eran las sabinas raptadas. Habían asistido a la batalla desde lo alto de las colinas y se habían agrupado y decidido interrumpir esta guerra entre yernos y suegros. Con sus gritos y sus lágrimas, conmovieron a los contendientes; supieron convencer a sus padres de que sus maridos, que las habían tomado por esposas, bien es cierto que prescindiendo de su consentimiento, se habían mostrado, no obstante, como maridos delicados y respetuosos; además, como es natural, preferían ser mujeres casadas que viudas. Los combatientes, de ambos lados, terminaron estrechándose la mano. Se llegó a un acuerdo. Sabinos y romanos pasarían a conformar un único pueblo; no tendrían más que una ciudad, y los dos reyes, Rómulo y Tacio, reinarían juntos, compartiendo el poder.

Afortunadamente para Roma, Tacio no tardó mucho en morir, lo que probablemente evitó enfrentamientos sangrientos. El mismo Rómulo desapareció un día durante una tormenta, mientras pasaba revista al pueblo congregado en el Campo de Marte (así se llamaba a la explanada situada al norte del Capitolio, en la curva del Tíber, donde solía convocarse a los soldados y celebrarse los ejercicios militares), y uno de los asistentes aseguró que lo había visto ascender hacia el cielo llevado por un águila. Se prefirió creer esta versión, pero se murmuró también que los senadores (entonces se decía los «Padres») sabían bastante más sobre su desaparición, ya que entre las gentes del pueblo los senadores pasaban por tener poca simpatía por los reyes.

Los «Padres» eran los principales jefes de las familias. Rómulo los había designado como sus consejeros. El pueblo los miraba con recelo; los acusaba de orgullosos, lo que a menudo era cierto, y de ambición, que no lo era menos; las gentes del común creían, con razón o sin ella, que un rey era un protector más seguro. Así es que cada vez que desaparecía un rey, era el pueblo el que insistía para que se eligiera a otro. Se elegía a menudo a un hombre célebre por su sabiduría, su valor de soldado o su riqueza, y se intentaba ir alternando estas cualidades; tras un rey guerrero como Rómulo, los romanos sintieron la necesidad de darse un soberano pacífico: un viejo sabino llamado Numa, muy instruido en asuntos de religión. Ya hemos contado cómo conversaba por las noches con una ninfa. Era algo sabido y se lo miraba con especial respeto por esa razón. Cuando Numa murió, a una edad avanzada, dejó a Roma mejor organizada que nunca, más refinada, y con un pueblo conocedor de sus deberes religiosos, disciplinado y honesto: era un logro muy apreciable, teniendo en cuenta el origen de la mayoría de los compañeros de Rómulo.

El sucesor de Numa fue un «latino», Tulio Hostilio, un rey guerrero. Roma había prosperado mucho más de lo que hubiera podido soñarse y las demás ciudades del Lacio empezaban a envidiarla. Sin dejarles tiempo para organizarse entre ellas,

Tulio Hostilio decidió dar un gran golpe. Declaró la guerra a la ciudad que se consideraba la capital del Lacio, Alba-Longa. Sin embargo, lo que inclinó la balanza de la guerra no fue una batalla convencional. Cada bando eligió a tres campeones. Los de Alba eran tres hermanos, los Curiacios; los de Roma, otros tres hermanos, los Horacios, igualmente vigorosos y llenos de coraje. Los dos ejércitos se alinearon en posición de combate, uno frente al otro, en la llanura, y los seis combatientes se desafiaron en el espacio que mediaba entre ellos. En el primer enfrentamiento cayeron dos romanos. El ejército de Alba lanzó un grito de alegría. Les pareció que, a tres contra uno, el campeón romano no tenía ninguna posibilidad de vencer. Pero Horacio se había fijado en que dos de los Curiacios estaban heridos. Fingió huir, provocando gritos de indignación entre sus compatriotas. Los Curiacios se lanzaron tras él, pero como ya no tenían las mismas fuerzas, corrían a distinta velocidad. Cuando los vio, a distancia unos de otros, Horacio se volvió repentinamente, esperó con pie firme al primer enemigo y de un solo golpe lo derribó. El segundo albano ya llegaba a su altura; estaba sin aliento y exhausto por su herida, por lo que a Horacio le fue fácil matarlo. En cuanto al tercero, ya estaba más que medio muerto cuando Horacio se aproximó a él y puso fin a su sufrimiento. A cada enemigo que caía, el ejército romano exhalaba un grito de alegría. Cuando Horacio se puso en pie, como único superviviente y único vencedor, aquello fue un grito triunfal, al que respondieron los lamentos de los albanos.

Tulio Hostilio aplicó la ley de la guerra sin contemplaciones. Alba había sido vencida, y fue destruida; sus habitantes fueron deportados a Roma e instalados cerca del Aventino. Pero la ciudad de Alba, de dónde provenía la sangre romana, fue borrada del mapa del Lacio.

Roma se había convertido en una ciudad lo bastante grande como para que valiera la pena reinar sobre ella. Así es que un día, bajo el reinado de Anco Marcio (que había sucedido a Tulio Hostilio), se vio llegar a un curioso personaje que se había puesto entre ceja y ceja convertirse en rey de Roma. Era un medio etrusco, hijo de un griego emigrado a Tarquines, la gran y rica ciudad etrusca, cercana a Roma, y de una mujer etrusca. No tuvo ninguna dificultad para granjearse el apoyo del pueblo llano y hacerse elegir rey. Con este personaje, llamado Lucio Tarquino, penetraron en Roma el exotismo, el lujo y la riqueza. También penetraron nuevas costumbres políticas; el rey fue más que nunca el protector de los humildes, de los artesanos, de los pequeños comerciantes que ejercían su industria en Roma. Como todos los etruscos, Tarquino conocía la importancia de las relaciones comerciales. Con él, Roma ampliaba su horizonte. Gracias a él, a partir de su reinado, se inició la influencia etrusca en Roma y empezaron a llegar a la ciudad productos de la industria griega, sobre todo esas vasijas pintadas que los talleres de Corinto y Atenas exportaban por aquel entonces a todo el mundo mediterráneo. Bajo su reinado empezó también la puesta en marcha de un verdadero proyecto urbanístico. Quedaban atrás los tiempos de los pastores y las cabañas, y se empezaron a construir casas de piedra, a pavimentar las plazas y a construir los templos. Los artesanos se enriquecieron y adquirieron mayor peso político, hasta el punto de despertar envidias entre los senadores, cuyas fortunas dependían de propiedades agrícolas y veían con malos ojos la emergencia de una clase acomodada. No es de extrañar, por tanto, que el rey Tarquino fuera asesinado al poco tiempo por los «conservadores» latinos, que le echaban en cara ser etrusco, es decir, medio extranjero.

Tanaquil, la mujer de Tarquino, logró imponer como rey al joven Servio, aquel esclavo que los dioses habían elegido para tan alto destino. Y Servio, bien acogido por el pueblo, prosiguió la obra de quien había sido su padre adoptivo. Fue el primero en dotar a la ciudad de una muralla defensiva. Planeó un gran recinto, siguiendo el modelo de las ciudades etruscas, y, por fin, Roma pudo desafiar, protegida tras una muralla de roca, a cualquier enemigo y servir de cobijo a los campesinos de toda la región. Esta muralla era tan amplia que siguió marcando hasta el final de la República el límite de Roma; restaurada en varias ocasiones, siguió defendiendo a la ciudad durante la época de las guerras civiles.

Roma también debió a Servio grandes reformas políticas. Hasta él, los ciudadanos eran ordenados en *curias*, algo así como parroquias, y la asamblea del pueblo se reunía por curias. El domicilio determinaba la curia en la que un individuo quedaba inscrito. Servio pensó que era más hábil repartir a los ciudadanos en clases, según su fortuna. El sistema de curias sólo podía funcionar entre ciudadanos prácticamente iguales. Pero el desarrollo de Roma, los avances del comercio y de la industria habían provocado grandes desigualdades. Parecía justo dar mayores responsabilidades políticas a quienes más contribuían con su actividad y riquezas al bien del Estado. Las «primeras clases», las que incluían a los ciudadanos más ricos, eran también las que contaban con más votos los días de elección y aprobación de leyes. Roma se convirtió de este modo en una «plutocracia» y siguió siéndolo hasta el final.

Servio fue asesinado, como Lucio Tarquino, y lo sustituyó otro Tarquino, llamado Tarquino el Soberbio, por su orgullo. Pero Tarquino el Soberbio sería el último rey de Roma. Un escándalo arrastró al régimen. Aparentemente, no pasó de ser un simple «suceso»: los jóvenes romanos estaban en el ejército; allí se encontraban Sexto Tarquino, uno de los hijos del rey, y el sobrino de éste, Lucio Tarquino Colatino. Los jóvenes, en su tienda, presumían de las virtudes de sus mujeres; al final, la disputa subió de tono, de modo que para poner fin a la discusión decidieron ir a ver lo que hacían las damas solas en sus casas. Subieron a los caballos, galoparon hasta la ciudad y allí comprobaron que la mujer de Sexto Tarquino se entregaba al placer en compañía de amigos, comiendo y bebiendo desenfrenadamente, mientras que Lucrecia, la mujer de Tarquino Colatino, hacía punto con sus criadas. Herido en su orgullo por haberse visto desmentido por los hechos, Sexto Tarquino quiso, con todo, tener razón. Así pues, al día siguiente, volvió a casa de Lucrecia, que lo recibió amablemente y le brindó hospitalidad. Después, cuando todo el mundo estaba durmiendo, Sexto se deslizó hasta la habitación de Lucrecia y, pese a la resistencia de la joven, la deshonró y huyó. A la mañana siguiente, Lucrecia mandó llamar a su marido y a su padre, les contó entre sollozos su desgracia y, tras sacar de entre sus ropas un puñal, se atravesó el corazón. Se reunió al Senado, donde se relató la infamia del joven príncipe. Tarquino Colatino volvió al ejército y provocó una rebelión. El pueblo le cerró las puertas de la ciudad. Perseguido a la vez por los soldados y los ciudadanos, el rey Tarquino se vio obligado a emprender la huida y pedir asilo a uno de sus compatriotas, el rey etrusco de Chiusi.

Así terminó la monarquía en Roma: por última vez hasta la instauración del Imperio, cuatro siglos y medio después, supo Roma, en el año 509 a. C., lo que era tener un soberano.

Capítulo 3

Conquistas y angustias

Los senadores tomaron el poder sin tardanza. El pueblo, desorientado y sinceramente indignado por el escándalo que había hecho sucumbir a la monarquía de Tarquino, aceptó la creación de un nuevo régimen, que entregaba el grueso del poder a la aristocracia campesina de los «Padres». En lugar del rey, se crearon dos «cónsules», elegidos por un año. Se pretendía que los dos colegas se vigilasen mutuamente y evitar así que intentaran restaurar la monarquía. Pero, por otro lado, los cónsules, por sus poderes y prerrogativas, eran los sucesores de los reyes. Portaban sus insignias y, como ellos, se sentaban sobre la silla «curul», decorada con marfil (era una costumbre importada de Etruria). Además, cuando ejercían sus funciones en la calle, se hacían preceder por doce «lictores», doce hombres robustos que portaban a hombros un haz de varas con un hacha en el medio: las varas y el hacha simbolizaban el poder de vida y de muerte de los cónsules sobre cualquier ciudadano.

Finalmente liberada de sus reyes, Roma tuvo que hacer frente enseguida a una crisis muy grave. Al expulsar a los Tarquinos, se había privado voluntariamente del comercio etrusco y, por ende, del resto del mundo. Desde su refugio de Chiusi,

Tarquino logró provocar una expedición para recuperar su reino. Porsena, el rey de la ciudad, aceptó contribuir con sus fuerzas a la causa de Tarquino, acaso con la idea de destruir el poderío romano, cuya expansión ininterrumpida era vista con inquietud por las ciudades etruscas. Las fuerzas etruscas acamparon a orillas del Tíber. Roma fue sitiada y al parecer vivió episodios dramáticos. Se cuenta que un solo soldado romano logró contener, durante varias horas, el asalto de los etruscos sobre el puente del Tíber —el único puente, construido con tablas de madera sencillamente unidas con clavijas— que daba acceso a Roma. Este héroe, llamado Horacio Cocles, tuvo el coraje y la habilidad de cerrar el paso a los invasores mientras sus compañeros trabajaban detrás de él para destruir el puente a hachazos. Cuando cayó al río el último tronco del puente, Horacio Cocles saltó al agua, armado como estaba, y llegó hasta la orilla amiga. Gracias a él, los etruscos no pudieron penetrar por sorpresa en la ciudad.

Porsena, por su parte, se había instalado en la orilla derecha. Un día, un romano se deslizó entre las tiendas y con un puñal abatió a un oficial etrusco, al que había confundido con el rey. Los guardias se arrojaron sobre él, lo encadenaron y lo condujeron ante Porsena. A las preguntas del rey, respondió que era uno de los soldados romanos que habían jurado matarlo y que, aunque se había equivocado de víctima, el error era reparable, ya que sus compañeros, al día siguiente, no se equivocarían. Y para mostrar su desprecio por el sufrimiento, puso voluntariamente su brazo derecho —el que se había «equivocado» de víctima— sobre una hoguera encendida, dispuesta para un sacrificio. Y pese a que su carne se quemaba, y que un olor espantoso se extendía por todo el campamento, Mucio Scévola no rechistó y dejó que su mano culpable se consumiera.

Se dice que asustado por tanta temeridad y salvajismo, Porsena se apresuró a levantar el campamento, pensando, con razón, que no le resultaría fácil doblegar a semejante raza.

Es posible que, en realidad, las cosas no les salieran tan bien a los romanos. Es probable que los etruscos tomaran la ciudad, pero los historiadores romanos lograron borrar todo recuerdo de este episodio poco glorioso del pasado nacional. Sólo adivinamos que el principio de la República estuvo marcado por una crisis bastante larga, un empobrecimiento de Roma y un freno a su expansión. Las ciudades latinas que habían sido previamente conquistadas sacaron partido de las desgracias de su dominador para recuperar su independencia. Los latinos llegaron a aliarse y a oponer un poderoso ejército a las tropas romanas. La batalla se libró en la llanura, en el lago Regilo. Vencieron los romanos, que contaron en sus filas con dos combatientes divinos, Cástor y Pólux, hijos del mismísimo Júpiter. Pero la lucha entre Roma y las ciudades de su entorno se prolongó aún mucho tiempo. Para pacificar completamente la región fue preciso que los romanos instalaran en casi todas partes colonias formadas por antiguos soldados o ciudadanos que recibían, en detrimento del pueblo sometido, tierras y un hogar. Poco a poco, Roma se fue rodeando de esta manera de ciudades satélite que jalonaban su imperio incipiente.

Otras dificultades desgarraban la capital. La decadencia del comercio y el empobrecimiento general habían intensificado las luchas sociales, un conflicto entre las distintas clases que el nuevo régimen había vuelto inevitable. Tras la expulsión de los reyes, se había decidido, en efecto, que los cónsules serían elegidos entre los «patricios», es decir, entre las familias de las que solían provenir los senadores. Las demás categorías de ciudadanos, que se designaban con el nombre de «plebeyos», no tenían ningún derecho. Los «patricios», que solían ser propietarios acomodados, no habían sufrido en exceso la crisis económica. En la mayoría de los casos, los plebeyos, por contra, lo habían perdido todo. Habían contraído deudas y como en aquella época escaseaba el dinero en metálico, los deudores tenían que pagar intereses considerables, con lo que el capital se duplicaba en cuestión de meses. ¿Cómo liberarse en estas condiciones? El deudor insolvente se convertía en propiedad de su acreedor, que podía hacerlo trabajar para él, como esclavo, o venderlo lejos de Roma, en un país extranjero.

En poco tiempo, la situación de la mayoría de los plebeyos se había hecho intolerable, y no disponían de ningún medio legal para hacerse escuchar. Intentaron conseguir reformas, un poco de justicia, un poco más de humanidad. Pero fue en vano. Los patricios se escudaban en la ley. Entonces, a los plebeyos se les ocurrió organizar una especie de huelga general. Se negaron a participar por más tiempo en la vida de una ciudad que los trataba como parias: para ellos, se había terminado el trabajo en los campos, en los talleres, en las obras; no habría ni un plebeyo más en las asambleas, ni un soldado en el ejército. Y, para evitar incidentes violentos, que no habrían dejado de producirse si permanecían en la ciudad, en presencia de sus adversarios, decidieron retirarse hasta ver cumplidos sus objetivos. Se «escindieron» y se instalaron en una especie de gran campamento plebeyo a unos cuatro o cinco kilómetros de Roma, sobre el Monte Sacro.

Perplejos, los patricios se dieron cuenta de que habían quedado reducidos a nada. Si no se lograba restablecer la concordia, Roma tenía los días contados. Para calmar la furia de los plebeyos, el Senado decidió enviar a un anciano muy sabio que les contó una historia: «En otro tiempo —les dijo—, las distintas partes del cuerpo humano se rebelaron contra el estómago, a quien acusaban de tirano y parásito. ¿Acaso no tenían que correr las piernas todo el día para encontrar comida, la espalda doblarse con gran esfuerzo para cultivar la tierra, las manos llevar la comida a la boca y todo ello para mayor provecho de ese perezoso estómago que no sabía más que engullir y engullir todo lo que se le daba? Así es que las piernas se negaron a caminar, las manos a llevar cosas, los dientes a masticar, la boca a tragar. ¡El estómago no se saldría con la suya! Pero —prosiguió el viejo orador—, ¿sabéis lo que pasó? El estómago tuvo hambre, es cierto, pero he aquí que las piernas se sintieron débiles, que las manos se descarnaron; el cuerpo entero se quedó sin fuerzas y con mucho gusto volvieron todos los demás miembros a ponerse al servicio del estómago». Los plebeyos entendieron la moraleja de la fábula. Pero, antes de volver a desempeñar su papel en la ciudad, pidieron garantías. Los patricios tuvieron que aceptar la creación de una magistratura exclusivamente plebeya —se llamó tribuno de la plebe— que tendría la facultad de proteger a los pobres de los ricos. Se liberó a los deudores esclavos de sus acreedores, se prometió que se multiplicarían las colonias y las reparticiones de tierras. En resumen, poco después todo había vuelto a su cauce y los soldados romanos aceptaron seguir montando la guardia en las fronteras y reduciendo a los rebeldes.

Cuando se restableció la concordia entre los ciudadanos, Roma pudo retomar su política de expansión. Su imperio llegaba ya hasta las primeras estribaciones de los Apeninos; sus colonias eran lo bastante fuertes para contener la presión de los montañeses, los ecuos y los hérnicos, situados al este y al sudeste del Lacio. Pero hacia el norte, la ruta de las conquistas quedaba cortada por una ciudad etrusca muy poderosa, que desde hacía tiempo era un rival peligroso. Para destruir Veyos fue preciso un sitio de diez años, tan largo como el de Troya. Fue entonces cuando, por primera vez, la legión romana aprendió a ejecutar obras de campaña y terrazas, y entendió que muchas batallas se ganan con el pico y la pala aún más que con la espada. Para penetrar bajo las murallas de la ciudad, los romanos tuvieron que cavar galerías subterráneas y tomar precauciones contra las contraminas del enemigo. Durante meses, los legionarios permanecieron en las trincheras, bajo las murallas. Ésa era una experiencia nueva. Hasta entonces, las guerras sólo se libraban durante la estación de buen tiempo. El ejército se reunía en marzo (precisamente durante el mes dedicado al dios de la guerra), entraba en campaña y volvía cuando los árboles perdían sus hojas. Los soldados podían velar por sus intereses, controlar la explotación de sus campos, por lo cual no percibían ningún sueldo.

Durante el sitio de Veyos, como las operaciones proseguían incluso durante el invierno, hubo que resignarse a pagar a los soldados: Camilo, comandante de las tropas en Veyos, reclamó e impuso la institución del sueldo. Las tropas, agradecidas a su jefe, lucharon con mayor arrojo y finalmente Veyos sucumbió. Camilo se había asegurado la complicidad de los dioses. La ciudad etrusca tenía como protectora a una divinidad poderosa, llamada Juno Reina. Camilo había prometido a Juno Reina un templo magnífico en la ciudad de Roma si se prestaba a abandonar a su suerte a las gentes de Veyos. Había hecho esa promesa solemnemente y, por lo visto, la diosa debió de aceptar, ya que la ciudad fue tomada. Entonces, para cumplir su promesa, Camilo organizó una procesión. La estatua de Juno fue retirada de su templo, colocada en un carro tirado por jóvenes de ambos sexos, y todo el cortejo, entre danzas y canciones, se puso en camino hacia Roma. No se detuvo hasta llegar al Aventino, donde el Senado había erigido un templo para recibir a la diosa.

Sin embargo, no todos los dioses mostraban por los romanos las buenas disposiciones de Juno Reina. Se avecinaba una formidable catástrofe que iba a poner a prueba al pueblo y a la ciudad.

Hacía tiempo que los galos habían cruzado los Alpes. Una a una, sus tribus habían descendido por las llanuras de Italia, sometiendo a las poblaciones del norte. Y oleadas de galos seguían descendiendo hacia el sur. A principios del siglo IV antes de nuestra era, una de estas tribus, liderada por un jefe llamado Breno, penetró en Italia central, pasó por Chiusi y se presentó en el curso inferior del río Tíber. Los romanos estaban sobre aviso. Habían reunido un ejército al norte de Roma, junto a un pequeño río llamado Alia, pero a resultas de una falsa maniobra, no consiguieron detener al enemigo. La legión partió en desbandada y los galos, no viendo a nadie en su camino, prosiguieron su ruta hasta Roma. Cuando llegaron al pie de las murallas, no había nadie que pudiera defender la ciudad. Todos los hombres aptos habían sido enviados al Alia. Ni siquiera se habían molestado en cerrar las puertas. Desconfiados, los galos se detuvieron. Durante toda la noche acamparon frente a la ciudad porque temían una trampa, pero, como no pasaba nada, al caer el día entraron en la ciudad. Los habitantes se habían agrupado en el Capitolio, en la ciudadela, junto a los pocos hombres armados que seguían allí. Los galos se pasearon, curiosos, entrando en las casas abandonadas, recorriendo las calles, visitando los templos. Algunos senadores, demasiado viejos para portar armas, habían decidido permanecer en sus casas y esperar al invasor. Se habían instalado, cada cual con su toga, en el vestíbulo de sus casas. Un galo se topó con uno de esos ancianos, sentado, inmóvil, sobre su silla curul, y creyó que se trataba de una estatua; se arrimó y, sin más ceremonias, le tiró de la barba. El senador, furioso por el ultraje, le arreó un bastonazo en la cabeza. El galo respondió con la espada. Fue el inicio de la matanza. Quienes no habían encontrado refugio en la ciudadela fueron degollados en unos instantes.

Durante largos días, tuvo lugar el sitio del Capitolio. Una noche, los galos intentaron escalar la colina, aprovechando la oscuridad. Habían hecho tan poco ruido que ni los perros guardianes oyeron nada; parecía que su treta iba a salir bien, cuando de repente las ocas sagradas criadas en el santuario de Juno se despertaron y empezaron a chillar. Se dio la alarma. Todavía se estaba a tiempo. Los soldados corrieron a los puestos de alerta; los primeros enemigos estaban poniendo el pie en la plataforma. Pero los romanos se abalanzaron sobre ellos y los hicieron caer con todo su peso sobre los compañeros que los seguían. En resumidas cuentas, el ataque fracasó. Aun así, los víveres se agotaban y no podrían seguir resistiendo por mucho tiempo. Presionados por los soldados, los jefes romanos tuvieron que emprender negociaciones, aceptar la idea de la rendición y preguntar por las condiciones de Breno. Éste pidió oro, mucho oro, y prometió respetar la vida de los combatientes. El día señalado, los oficiales romanos salieron de la ciudadela, acompañados por esclavos que portaban el metal para el rescate. Se empezó a pesar y, cuando se alcanzó el peso acordado, Breno tiró, además, su espada en el plato de la balanza, y reclamó que se agregara al rescate lo suficiente para restablecer el equilibrio. Los romanos protestaron: «¡La desgracia caiga sobre los vencidos!», les dijo. Hubo que obedecer. Hartos de oro, aplacados por el botín, los galos accedieron por fin a abandonar Roma y a retomar el camino del norte.

Los romanos aseguran que no fueron muy lejos; que Camilo, por aquel entonces en el exilio, consiguió reunir un ejército de auxilio entre las ciudades aliadas de Roma, temerosas del peligro galo, que atacó a los galos mientras se retiraban y saldó cuentas con ellos. Sea como fuere, Roma había pasado miedo; había estado cerca de sucumbir, y entendió que ni las más sólidas murallas sirven de nada si no hay brazos para defenderlas. La guerra la había arruinado, buena parte de sus casas habían sido quemadas o destruidas y había perdido el honor. Así es que, por mucho tiempo, los galos siguieron inspirando temor a los romanos. Durante siglos, bastaba con que se pronunciara su nombre para que todo el mundo saliera corriendo a por las armas. Sólo César puso fin a la pesadilla al anexionar al Imperio, bastantes generaciones más tarde, el país del que habían venido aquellos saqueadores de largas espadas, que nada era capaz de detener.

Capítulo 4

El descubrimiento del sur

Roma podría haber sucumbido a la catástrofe gala. Gran número de ciudadanos estimaba que la ciudad estaba asentada en un lugar maldito, ya que los dioses habían permitido la toma de la ciudad sagrada. Pensaron en transportar Roma a otro lado, y ocupar el emplazamiento de Veyos, que acababa de ser tomada. Pero el patriotismo de Camilo se opuso a ese abandono. El Senado decidió que Roma sería reconstruida, y al poco tiempo los daños fueron reparados, los templos se irguieron más magníficos que nunca y la ciudad retomó su camino hacia adelante.

Aunque montañeses descendidos de los Apeninos habían ido conquistando poco a poco las ciudades griegas de la Italia meridional, antaño prósperas, las poblaciones indígenas no soportaban el estado de dependencia en el que se encontraban. Los «caballeros» —es decir, los nobles y los grandes propietarios— de Capua recurrieron a Roma para apuntalar su dominación. Fue el principio de una larga serie de guerras, que se conocen con el nombre de «guerras samnitas». Los ejércitos romanos se enfrentaron a las poblaciones «itálicas» del Apenino central y meridional. El nombre «samnita» se debe a que los principales adversarios de los romanos fueron los habitantes de Samnium, el macizo montañoso entre Roma y la Campania, por un lado, y entre Roma y la costa adriática, por el otro.

Estas poblaciones eran de una raza distinta a los romanos. Hablaban otra lengua, emparentada con el latín, pero más «prima» que «hermana». No habían conocido tanto como los romanos la influencia de la civilización etrusca y del comercio marítimo. Los samnitas vivían dispersos en la montaña, diseminados entre pueblecitos y granjas aisladas. No habían formado verdaderas ciudades, por lo que su organización política seguía siendo bastante rudimentaria. Pero estos campesinos eran vigorosos, decididos y astutos. Sus filas se recomponían tras el paso de cada ejército romano. Las diversas tribus, a menudo enemigas unas de otras, aprendieron a unirse contra Roma, que se convirtió en el enemigo común, y, finalmente, le infligieron una derrota memorable.

Los dos cónsules romanos se lanzaron imprudentemente a la caza de un enemigo invisible en la región de Benevento. Una mañana, cuando quisieron retomar la marcha, se dieron cuenta de que los samnitas dominaban las crestas del desfiladero en el que estaban; detrás, el camino estaba cortado; delante, rocas desprendidas prácticamente infranqueables. Al final los dos cónsules tuvieron que aceptar las condiciones del enemigo para salvar la vida de sus soldados. Los samnitas se limitaron a desarmar a los romanos y hacerlos pasar «bajo el yugo», es decir, bajo una puerta groseramente fabricada con tres lanzas. Al hacerlo, un hombre perdía su condición de soldado y le era moralmente imposible retomar la lucha. Para los romanos fue una humillación sin precedentes.

El Senado tuvo que aceptar este armisticio humillante pero se negó a pedir la paz. Se reclutaron nuevas legiones, se modificaron su armamento y su manera de combatir y se les hizo ganar movilidad. Unos años más tarde, la situación se invirtió y un ejército romano tomó la principal ciudad de la confederación samnita, Bovianum. Los demás pueblos del interior intentaron prestar auxilio a los samnitas cuando ya era demasiado tarde. En unas pocas campañas, los romanos se hicieron los amos de toda Italia, desde la Toscana hasta Las Marcas, desde el mar Tirreno hasta el Adriático. Establecieron colonias a lo largo de las vías naturales, construyeron rutas que partían de la capital y desde entonces se repite aquello de que «todos los caminos llevan a Roma».

Hacía tiempo que la mayoría de las colonias griegas del sur había caído en manos de los montañeses de los Apeninos, como hemos dicho, sin que Roma se hubiese entrometido. Sin embargo, quedaba una última potencia de lengua y civilización griegas, atrincherada al fondo de la península, último vestigio de lo que había sido la «Magna Grecia». Esta gran potencia medio decaída era la ciudad de Tarento, orgullosa de su riqueza, de la feracidad de su territorio y dc la prospcridad dc su comercio marítimo. Como todas las ciudades griegas, Tarento se llevaba mal con sus vecinos. De modo que, cuando otra colonia griega de la región, Turio, se vio amenazada por el ataque de los indígenas, los griegos de Turio recurrieron a Roma, y no a Tarento. Los romanos, encantados de poder entrometerse en los asuntos de una ciudad griega, aceptaron proteger Turio y enviaron una flota a la región. Pero eso irritó a los tarentinos; la llegada de esta flota a las cercanías de su ciudad les pareció una provocación intolerable. Sin mediar palabra, atacaron a los navíos y hundieron a cuatro. Era la guerra.

La decisión de los tarentinos de hundir las naves romanas no había sido muy meditada. Cedieron a un impulso del momento, pero cuando se trató de tomar las medidas militares pertinentes se vieron en un aprieto. Ellos mismos, ablandados por una larga paz, no tenían ningunas ganas de tomar el escudo, el casco y la coraza; preferían pasarse el día en sus teatros contemplando tragedias o comedias. Así que pidieron ayuda a un soldado profesional, el rey Pirro, que reinaba en Épiro, en la otra orilla del mar Jónico.

Pirro era un personaje extraordinario, uno de esos reyes que habían surgido a la sombra de las hazañas de Alejandro Magno, de quien era primo hermano. Cuando los tarentinos recurrieron a él, Pirro no lo dudó. Le carcomía la ambición y se ilusionó con la esperanza de labrarse un imperio en Italia. Llegó al frente de un ejército «moderno». Formado en las campañas de los reyes de Oriente, había creado, siguiendo su ejemplo, una «caballería» pesada, formada por elefantes. Cuando los romanos vieron aquellas moles cargando contra sus filas, se asustaron; durante algún tiempo, resistieron e infligieron pérdidas terribles a las tropas de Pirro, pero finalmente tuvieron que ceder. Al año siguiente, por segunda vez, Pirro atacó con sus elefantes, pero con menos éxito. La victoria que consiguió aquel día fue tan difícil que intentó negociar. Su secretario particular, el filósofo Cineas, fue enviado a Roma y presentó, con gran habilidad, propuestas de paz al Senado. Los senadores iban a ceder, seducidos, cuando el más venerable de todos ellos, Apio Claudio el Ciego, tomó la palabra y argumentó que sería escandaloso pactar con un enemigo instalado en Italia. Avergonzados, los senadores se unieron a su parecer y las propuestas de Pirro fueron rechazadas.

En ese momento, Pirro no reanudó la guerra. Cuando fue llamado a Sicilia por los siracusanos, que querían utilizarlo contra sus tradicionales enemigos cartagineses, establecidos al oeste de la isla, se dejó tentar por la aventura. Pero como todos los extranjeros que se metían en los asuntos de la isla, Pirro terminó defraudado. Las ciudades no le prestaron el apoyo prometido y la aventura no duró mucho. El rey volvió a Italia en busca de su primer sueño. Encontró a los romanos bien preparados para recibirlo. Esta vez, los elefantes no dieron el resultado deseado. Pirro fue derrotado en Benevento y, desanimado, abandonó definitivamente Italia. Unos años más tarde, en 272 a. C., Tarento capitulaba. Por fin, Roma era dueña de toda la Península Itálica, hasta la punta de la «bota».

Durante una larga serie de guerras, Roma había evolucionado. Las concesiones arrancadas por los plebeyos a los patricios habían abierto una brecha en la antigua constitución y el antiguo orden social. Poco a poco, los plebeyos habían ido adquiriendo más o menos los mismos derechos que los patricios. Los casamientos entre clases habían sido finalmente autorizados, tras un largo período de prohibición. Los plebeyos no sólo podían ser tribunos o «ediles» (magistratura dependiente de los tribunos, que los usaban como auxiliares para tratar los pormenores de la administración), sino que fueron admitidos en la pretura y, unos años más tarde, en el consulado.

En efecto, la vieja magistratura que había sustituido a la realeza se había ido dividiendo y en cierto sentido negociando a medida que crecía el Imperio de Roma, las guerras se hacían lejanas y más largas, y se necesitaban más magistrados para administrar los asuntos. Un cónsul que pasaba largos meses en el ejército ya no podía impartir justicia a diario en el Foro. Por eso se había creado la función de los pretores, que los relevaban en estas funciones. Junto a los cónsules, también se habían dispuesto cuestores, jóvenes magistrados a cargo de las finanzas. Estos cuestores eran quienes abonaban sus sueldos a las tropas, pagaban a los proveedores, percibían las contribuciones a la guerra y vendían los botines de guerra para aumentar el tesoro. De esta forma, los cónsules quedaban más libres para encargarse de los asuntos realmente importantes. Por encima del consulado se había formado otra magistratura, compuesta de antiguos cónsules, personajes especialmente venerables. Se los llamaba «censores». Se encargaban de controlar a la jerarquía y el orden moral de la ciudad. Elaboraban, cada cinco años, la lista del Senado, y su decisión era inapelable. Podían tachar a quien quisieran, por la razón que fuera; lo más común era que utilizaran su poder para excluir a los indignos, los senadores que habían causado algún escándalo o no respetaban las tradiciones del Estado. Los censores también realizaban ceremonias religiosas, especialmente la de la «purificación» del Estado, durante un sacrificio solemne que marcaba el final de su magistratura.

Esta multiplicación de las magistraturas explica, en buena medida, que se recurriera a los plebeyos para la administración del Estado. Cada vez se necesitaba a más gente y no había suficientes patricios para encargarse de todo. Esta política tuvo un resultado feliz: los ciudadanos romanos tuvieron la sensación de estar participando más plenamente en la vida de su país. Su patriotismo salió reforzado y ésa es, sin duda, una de las causas profundas de que Roma consiguiera salir victoriosa de la terrible crisis que se avecinaba después de sus victorias sobre Pirro.

Capítulo 5

El duelo con Cartago

En la orilla africana del Mediterráneo había sido fundada, un poco antes que Roma, una ciudad llamada Cartago, es decir, en lengua fenicia, la Nueva Ciudad. Se decía que debía su existencia a una princesa de Tiro, llamada Dido, a la que unas desavenencias habían obligado a buscar fortuna lejos de su país. Dido había llegado allí junto a unos compañeros y al dar con una ribera acogedora, cerca de la actual Tunicia, compró unas hectáreas a un rey indígena para fundar una ciudad. En muy poco tiempo, Cartago había prosperado muchísimo. Los fenicios que la habían fundado eran comerciantes muy avezados; habían mantenido el contacto con comerciantes de Siria y poseían barcos capaces de mantener un tráfico regular entre Cartago y Oriente. Intercambiaban sus mercancías, joyas, muebles preciosos, tejidos bordados y tintes de púrpura, con poblaciones indígenas del interior del país, que les pagaban con polvo de oro, colmillos de elefantes (los elefantes abundaban por aquel entonces en el África septentrional, cuyos bosques aún no habían sido destruidos), maderas preciosas, pieles, caballos…

Cartago no necesitó mucho tiempo para convertirse en la potencia indiscutida de todo el comercio africano. Sus exploradores no dudaban en aventurarse lejos hacia el oeste o en desafiar las arenas del desierto. Celosos de sus descubrimientos, se las arreglaban para mantener en secreto sus rutas comerciales. Hundían sin piedad cualquier navío que descubrieran en aguas prohibidas. Así es como todo el Mediterráneo occidental se había convertido en un lago cartaginés, provisto de muchas bases, dependencias, astilleros para la reparación de barcos... Los cartagineses habían penetrado en el interior de África y se las habían ingeniado para revalorizar los territorios conquistados. Habían creado grandes áreas en las que cultivaban el trigo, el olivo y la viña. La agricultura cartaginesa era una de las más «científicas» del mundo.

Los grandes propietarios la habían convertido en fuente de grandes riquezas. El cultivo de la tierra se reservaba a tropas de esclavos, vigilados por implacables contramaestres, un sistema «capitalista» bien distinto al imperante en Italia, donde los romanos y los amos trabajaban ellos mismos sus lotes de tierra y en algunos casos seguían conduciendo la esteva del arado. La agricultura cartaginesa tenía sus teóricos, entre los que destacaba un ingeniero, de nombre Magón, que ha dejado un célebre tratado. Este tratado, traducido a varias lenguas, llegó a Roma y sirvió de manual a los grandes propietarios que, en el siglo II a. C., sustituyeron paulatinamente a los pequeños agricultores.

Cartago, segura de su riqueza, su marina y sus posesiones lejanas, pretendía imponer su ley en el Mediterráneo occidental. Aliada con los etruscos, en otros tiempos había intentado prohibir a los colonos griegos de Marsella que prosiguieran su tráfico con las tribus de la Galia y España. En los primeros tiempos de la República romana, llegó a firmar con Roma un tratado por el cual los romanos se comprometían a no penetrar ni en Sicilia ni en Cerdeña. Cuando firmaron, los romanos no podían siquiera sospechar que sería motivo de una serie de tres guerras, en cuyo transcurso su ciudad correría el riesgo de desaparecer, aunque, a la postre, serían la causa de su mayor fortuna.

Todo empezó por un asunto menor. Una banda de mercenarios que en otro tiempo había estado al servicio de los tiranos de Siracusa, en Sicilia, había tomado la ciudad griega de Mesina y desde allí perpetraba toda clase de actos de bandidaje. Hieron de Siracusa intentó reducirlos. Para combatirlo, la gente de Mesina recurrió a un ejército cartaginés, que ocupó su ciudad. Pero poco después, como los cartagineses se comportaban de forma intolerable, los mismos habitantes de Mesina llamaron a los romanos para que los liberaran del ocupante. Era en 264 a. C. Los senadores romanos no tenían particular interés en enviar una expedición que, como sabían perfectamente, los enfrentaría a Cartago. Pero la Asamblea del pueblo, que tenía a Sicilia por una tierra prodigiosa, rica en trigo y en tesoros de toda clase, y esperaba sacar grandes réditos dc una conquista en la isla, impuso la intervención. Se movilizó un ejército, se improvisó una flota y los romanos tomaron por sorpresa Mesina, expulsando a los cartagineses.

El Senado de Cartago aceptó el desafío. Al año siguiente, un ejército cartaginés desembarcaba en Sicilia, donde se sucedieron éxitos y reveses, a tenor de las alianzas de las ciudades griegas con uno u otro bando. La verdadera fuerza de Cartago era el mar. Los romanos lo entendieron enseguida e hicieron grandes esfuerzos para armar a sus flotas, que lograron paralizar a las de su adversario. Movida por la impresión de que dominaba el mar, Roma no dudó en armar una gran expedición contra la propia Cartago. Embarcaron 150.000 hombres, a las órdenes del cónsul Atilio Régulo. A despecho de la intervención de los barcos de guerra cartagineses, el ejército desembarcó en África, en el cabo Bon, y pronto cosechó éxitos, con el apoyo de los indígenas, los numidas, deseosos de rebelarse contra los opresores cartagineses. Pero la situación volvió a dar un vuelco. El Senado cartaginés llamó a un mercenario griego, Jantipo, para organizar su ejército, y éste tuvo tal éxito que los romanos fueron derrotados y tuvieron que replegarse en el cabo Bon para no ser arrojados al mar. Allí esperaron la llegada de una flota de auxilio para ser evacuados. Pero Régulo había sido apresado por los cartagineses. Y, como la guerra se eternizaba en Sicilia, donde los ejércitos de uno y otro bando sufrían enormes pérdidas, el Senado de Cartago quiso utilizar a su prisionero para obtener la paz. Régulo fue enviado a Roma para dar a conocer las propuestas de paz de los enemigos a sus compatriotas; antes de partir, le hicieron jurar que si las negociaciones fracasaban volvería de inmediato. En Roma, Régulo habló en contra de la paz; expuso las razones por las que confiaba en una victoria total de Roma. Cuando hubo influido sobre la decisión del Senado, emprendió tranquilamente el camino a Cartago, aun sabiendo muy bien lo que le esperaba. Los cartagineses le cortaron los párpados y le impidieron dormir a toda costa, hasta que murió de agotamiento.

Al final, la obstinación romana pudo con Cartago. Por muchas naves romanas que hundieran los cartagineses, los astilleros construían otras nuevas. Cuando empezaba un asedio, los romanos no querían ni oír hablar de retirarse antes de haber tomado la ciudad. Los cartagineses tenían que enviar a Sicilia, que se había convertido en el único campo de batalla desde el fracaso de Régulo, refuerzos y más refuerzos, que los romanos se encargaban de interceptar. Y este juego se prolongó hasta que un día un general romano, Lutacio Catulo, tuvo la suerte de sorprender a un fuerte escuadrón enemigo de avituallamiento y se decidió a atacarlo, ya que, lastrado por el peso que transportaba, apenas podía maniobrar. En aquella batalla de las islas Égadas, en 241 a. C., Lutacio hundió cincuenta embarcaciones enemigas y se apoderó de setenta. El golpe fue tan duro que Cartago pidió una paz que le fue concedida sin dilación. La presencia cartaginesa en la isla había tocado a su fin.

Pero la guerra entre Cartago y Roma no había hecho más que empezar. El momento de la «revancha» quedó postergado por una revuelta de mercenarios en Cartago, una soldadesca venida de todos los rincones del mundo. Y es que a los ricos mercaderes de Cartago les interesaba poco hacer la guerra por sí mismos. Pagaban a mercenarios y no faltaban aventureros a lo largo y ancho del Mediterráneo atraídos por un sueldo. Al terminar la guerra, los cartagineses, a quienes Roma había impuesto una severa contribución, se dijeron que podían recuperar parte de sus pérdidas si dejaban de pagar los sueldos atrasados que debían a los mercenarios. Los mercenarios, muy disgustados, se rebelaron y, con la ayuda de los indígenas que reclutaron, sitiaron la ciudad. La situación era alarmante. Cartago no tenía prácticamente ninguna fuerza que oponer. Sin embargo, Amílcar, jefe militar, con grandes éxitos a sus espaldas en la guerra contra Roma, consiguió enrolar a todos los ciudadanos válidos y crear una tropa a la que formó debidamente. Se puso en campaña y, como hábil estratega que era, logró rodear al grueso de los rebeldes en un desfiladero y los dejó morir de sed.

Mientras, Roma se aprovechaba de las dificultades de su enemigo y ocupaba Cerdeña y Córcega, donde los cartagineses tenían bases y grandes intereses, algo que no estaba en absoluto previsto en el tratado. Siguiendo el mismo impulso, Roma completó la ocupación de Italia hacia el norte, que seguía en manos de los ligures (en la región de Génova). Desde los Alpes hasta Sicilia, la península y sus anexos insulares ahora pertenecían al pueblo romano.

En Cartago, Amílcar no se resignaba a la derrota y calibraba los avances incesantes de Roma, convertida indiscutiblemente en la mayor potencia de Occidente. Si Cartago no quería perecer asfixiada, tenía que reparar sus pérdidas e intentar frenar la expansión romana por todos los medios a su alcance. Amílcar creyó encontrar la solución implicando a las fuerzas de su patria en la conquista del último país occidental aún disponible. Consiguió que el Senado de Cartago le concediera un ejército suficiente para llevar a cabo sus proyectos y se propuso establecer en España un imperio púnico. Llevó consigo a su yerno y a sus tres hijos, entre los cuales estaba el joven Aníbal. Todos habían jurado ante el gran dios de Cartago, Baal, vengar la derrota y aniquilar al enemigo romano.

Amílcar fue asesinado unos años más tarde; su yerno, que lo sucedió, corrió la misma suerte al cabo de ocho años de mandato. Era el turno de Aníbal, que se puso al frente. Tenía 26 años y una voluntad inflexible de terminar con Roma. Su primer acto fue un desafío al pueblo romano: atacó la ciudad de Sagunto, que era su protegida y se encontraba en una zona de reconocida influencia romana. Roma protestó ante el gobierno de Cartago, pero los amigos de Aníbal consiguieron que la protesta fuera rechazada, y se declaró la guerra.

Aníbal se había preparado. Había formado un sólido ejército, con españoles y africanos, sin un solo mercenario. Con él, remontó la costa española y atravesó los Pirineos con la ayuda de tribus indígenas temerosas del poderío cartaginés. Penetrar en territorio galo fue más complicado. Los indígenas eran menos dóciles; en general, estaban sometidos a la influencia de Marsella, que era aliada de los romanos y, por principio, enemiga de Cartago. Sin embargo, Aníbal se abrió paso, atravesó el Ródano hacia la confluencia del río Isère, y empezó a remontar las laderas de los Alpes. Los ejércitos romanos, que habían desembarcado en la Provenza, todavía lo estaban esperando mientras Aníbal avanzaba ya del lado italiano de la cordillera. No se sabe exactamente qué camino siguió, quizá pasó el puerto del Mont Genèvre. Sea como fuere, se encontró durante la marcha con mil obstáculos. Tuvo grandes dificultades para avanzar con sus elefantes. Se cuenta que tuvo que llevar a cabo grandes obras; que despejó un camino obstruido por rocas vertiendo vinagre sobre ellas, después de calentarlas al rojo vivo, hasta descomponerlas.

Cuando llegó a Italia, Aníbal tuvo como aliados a los galos del Piamonte, recientemente anexionados por Roma y bien dispuestos hacia los enemigos de quienes los habían derrotado. Uno tras otro, fueron a su encuentro dos ejércitos romanos; ambos fueron barridos. El primero en la línea del Ticino, el segundo en Trebbia. Aníbal se había convertido en el amo de la Galia Cisalpina, el primer compartimento de la Italia peninsular.

El segundo acto tuvo lugar en la región etrusca, a orillas del lago Trasimeno, dónde se había concentrado el ejército del cónsul Flaminio. Éste, un plebeyo, se mostraba orgulloso de ostentar una posición de mando tan importante. Eso le hizo dejar de lado cualquier prudencia; se dejó sorprender a orillas del lago una mañana neblinosa. Todo su ejército fue destruido; él mismo sucumbió con los demás. Roma parecía al alcance de la mano.

Pero a medida que se adentraba en Italia, Aníbal se topaba con un país cada vez más hostil. Las ciudades se cerraban a su paso, le negaban las provisiones. Había pensado que los aliados de Roma estarían encantados de eludir sus obligaciones y unirse a él. Nada de eso ocurrió. Los aliados de Roma permanecían fieles, mientras que los soldados que él mismo había reclutado en la Galia Cisalpina se hartaban y desertaban uno tras otro. El Senado de Cartago le negó los refuerzos que pedía. Entretanto, el de Roma movilizaba todos los recursos del Estado para hacer frente al peligro.

Aníbal postergó el ataque directo a la ciudad y se encaminó hacia el Adriático. Quería ganar tiempo y reponerse en una región recientemente conquistada por Roma y, por consiguiente, menos fiel. Mientras tanto, el Senado eligió a un dictador con plenos poderes para dirigir la guerra, un tal Fabio, de gran reputación, que inauguró una nueva táctica. En vez de repetir la dura experiencia de las batallas campales, se le ocurrió practicar la estrategia de la «tierra quemada». Todo cuanto había por delante de Aníbal se destruía, tanto las cosechas como los pueblos; sólo se salvaban las ciudades protegidas tras gruesas murallas. Por lo demás, se acosaba al enemigo, se atacaba a los rezagados, a las expediciones de avituallamiento y a destacamentos aislados y fáciles de vencer. De este modo, se desgastaba al enemigo, se le impedía reponerse, y el tiempo «corría a favor de Roma».

Esta táctica se mantuvo durante un tiempo, pero los lugartenientes de Fabio se impacientaban y el pueblo también. Fabio fue relevado del mando y sustituido por dos cónsules. Uno de ellos, el plebeyo Terencio Varrón, que contaba con el mejor ejército de Roma, cometió la imprudencia de lanzarlo contra el grueso de las tropas de Aníbal y en la llanura de Cannas, a orillas del Aufidio (un pequeño río costero que desemboca en el Adriático), se entabló una cruenta batalla. El ejército de Aníbal era inferior en número, pero la genialidad de su general, que supo utilizar su caballería para ejecutar una amplia operación de cerco, se impuso al coraje de los romanos. La mitad del ejército romano había sido aniquilado. Quienes sobrevivieron y lograron escapar regresaron, en desbandada, a la capital en busca de refugio. Peligraba el fruto de meses de prudencia y paciencia. Esta vez, la situación parecía desesperada. Las ciudades aliadas del sur cambiaron de bando y se unieron, en masa, al vencedor. Por un instante, Aníbal pensó en marchar sobre Roma. Podría haberlo hecho con serias posibilidades de tomar la ciudad. Acaso pensara que no tenía un ejército capaz de soportar la lentitud de un asedio que preveía muy duro… Acaso temiera que cuando no estuvieran las guarniciones cartaginesas, las demás ciudades italianas se rebelarían y lo apuñalarían por la espalda… Sea como fuere, tras Cannas, Aníbal se limitó a devolver a sus casas a los prisioneros originarios de ciudades aliadas de Roma sin imponer rescate alguno y se instaló en Capua, desde donde dominaba el sur de la península.

Entretanto, los romanos desplegaban ingentes esfuerzos. Consiguieron reunir dos ejércitos a costa de grandes sacrificios, pero se guardaron mucho de enfrentarlos directamente a su enemigo y vencedor. Enviaron uno a Sicilia, con tal de garantizar el aprovisionamiento, y el segundo a España, a fin de atacar al corazón del Imperio Cartaginés. Esta estrategia funcionó admirablemente. En menos de dos años, el ejército de Sicilia retomó Siracusa, tras un durísimo asedio (el gran matemático Arquímedes fue el organizador de la defensa y las máquinas que inventaba pusieron en serios aprietos a los soldados romanos). Pero lo más importante fue que el ejército de España cosechó varias victorias sobre Asdrúbal, el hermano de Aníbal, que se había quedado allí para reclutar refuerzos y garantizar el orden. Envalentonada por tales éxitos, Roma aprovechó un momento en que Aníbal se había alejado momentáneamente de Capua para retomar la ciudad, que fue enteramente destruida, en justo castigo a su traición.

Los dos generales romanos que mandaban en España encontraron la muerte con pocos días de diferencia. Para sustituirlos, se presentó un joven —era el hijo y el sobrino de los dos difuntos— que ya había mostrado en varias ocasiones sus dotes en el campo de batalla pero cuya edad no alcanzaba el mínimo legalmente establecido para ostentar una magistratura. Sin embargo, ya se había granjeado tal prestigio que fue designado y partió hacia España a restablecer la situación, comprometida por la muerte de los dos jefes romanos.

Al poco tiempo de haber llegado a España, Escipión cosechó un importante éxito. El ejército romano asediaba la ciudad de Cartagena («La nueva Cartago»). Hizo creer a sus soldados que estaba bajo la protección de Neptuno y los arrastró a través de una laguna, cuyas aguas descendían milagrosamente, y tomó la ciudad por asalto. No pudo evitar, sin embargo, que Asdrúbal tomara, con un ejército de auxilio, el camino de los Pirineos y penetrara en Italia para sumarse a Aníbal. Pero, esta vez, la suerte estuvo del lado de Roma. Los emisarios enviados por Asdrúbal a su hermano cayeron en manos de los romanos. De inmediato, los dos cónsules unieron en secreto sus fuerzas y le cortaron el camino a Asdrúbal. El ejército cartaginés fue derrotado y Aníbal se enteró del desastre en su campamento al ver rodar la cabeza de su hermano, triste mensaje que le enviaron los romanos y que puso fin al sueño del cartaginés.

Al poco tiempo, Escipión, de regreso de España, recibió el encargo de asestar el golpe definitivo a Cartago. Se le encomendó la organización de un desembarco en África. Así, cuando pudo desembarcar en Utica, los cartagineses llamaron a Aníbal, que permanecía en el sur de Italia, aún temible, pero incapaz de pasar a la ofensiva. Los dos generales se encontraron frente a frente en el campo de batalla de Zama, en el centro de Tunicia. El combate fue terrible y, a pesar de todos los esfuerzos de Aníbal, se impuso Escipión, que dictó sus condiciones a Cartago. Cartago no fue destruida —todavía no—, pero quedó confinada a sus posesiones de África. Roma le prohibió cualquier posesión en Europa. Debía entregar casi toda su flota de guerra y pagar una severa contribución de guerra.

Aníbal intentó durante un tiempo poner orden en su patria, pero fue víctima de las conspiraciones de sus adversarios y tuvo que exiliarse. Partió en secreto y embarcó rumbo a Siria, donde solicitó asilo al rey Antíoco, quien lo convirtió encantado en su consejero político. Pero el odio de los romanos lo persiguió hasta allí, y cuando Antíoco fue derrotado, unos años después, exigieron que se les entregase a Aníbal. Éste, anticipándose a los romanos, había buscado refugio más lejos, ante el rey de Bitinia. Los embajadores romanos fueron a buscarlo hasta allí y Aníbal se envenenó para no caer en sus manos. Tenía 67 años y desde su infancia había intentado, con todas sus fuerzas y por todos los medios, destruir Roma.

La segunda guerra púnica quedó grabada en la memoria de los romanos como una pesadilla. Fue un duelo a muerte con el jefe cartaginés. Éste no dudó en movilizar contra la ciudad que odiaba todos los recursos de África, España y lo que pudo de los de Italia. Incluso intentó hacer intervenir al rey de Macedonia, Filipo, que dominaba Grecia. Los romanos tuvieron que movilizarse en todos los frentes al mismo tiempo. Varias derrotas estuvieron a punto de acabar con ellos pero, lejos de abandonar, reaccionaron con tanto vigor que sus fuerzas no hicieron más que aumentar; su reputación trascendió las fronteras de Italia. Tras Zama, todas las miradas estaban puestas en Roma, en ese Senado que, un día u otro, podía convertirse en el árbitro del mundo.

Capítulo 6

Horizontes desmedidos

Los despojos de Cartago hacían de Roma una gran potencia económica: todo el comercio del Mediterráneo occidental caía en sus manos y en todas partes se vio a «negociantes» italianos tomando el relevo de los cartagineses. Además, Roma se convirtió en la principal dueña de las minas de España, que le proporcionaban grandes cantidades de plomo, plata, cobre y oro. Nuevos mercados se abrían a su agricultura. Roma hubiese podido digerir sus victorias tranquilamente y emprender la reforma del Estado, maltrecho por las sacudidas de la guerra. Las terribles angustias que había conocido le habían dejado profundas cicatrices, y el pueblo, decepcionado en su fe por las divinidades nacionales —que habían permitido las derrotas—, se interesaba cada vez más por las supersticiones extranjeras. El mismo Senado había dado ejemplo, acogiendo a dioses orientales y permitiendo prácticas griegas. La antigua disciplina y la antigua moral habían quedado minadas. Un joven héroe como Escipión había quebrado todas las reglas tradicionales. Escipión se decía hijo de Júpiter y gustaba de visitar el templo del dios, en el Capitolio, en busca de inspiración. Nada era más peligroso en una ciudad que desde la época de los reyes se esmeraba por convencer a todos los ciudadanos de que nadie era irreemplazable, que cada magistrado no era más que el depositario de la potencia del Estado, que lo superaba infinitamente. Roma empezaba a persuadirse de que, por muchas necedades que se cometieran, siempre aparecería un salvador providencial para sacarla del apuro. Y este salvador sería un soldado, un general victorioso, protegido por los dioses… Empezaban a adivinarse las primeras señales de la evolución que conduciría a la ciudad de la República al Imperio.

Roma, victoriosa y fuerte, rica también, pensó desempeñar en el mundo un papel a su medida. Si bien los más sabios de los senadores recelaban de las aventuras lejanas, entre los demás cundía una especie de vértigo. Las intrigas de Aníbal habían inmiscuido al rey de Macedonia en los asuntos romanos. Para prevenir el peligro, Roma había tenido que enviar embajadores a Grecia y tomar partido en los asuntos de las ciudades, las ligas y los reinos que ahora se repartían el país. Y una vez que se ha empezado con este juego terrible de la política y de la diplomacia, es muy difícil salir. Como quien no quiere la cosa, van creciendo las ambiciones; se quiere, como es natural, favorecer a los amigos, castigar a los enemigos, y, finalmente, todas las fuerzas del Estado se ven implicadas. Así es que, menos de diez años después de vencer a Aníbal, Roma retomó las armas para solucionar a su manera los asuntos de Oriente.

Y además, ¡qué tentación para los nobles romanos, quienes veían en Grecia a su patria espiritual, devolver la libertad a esas ciudades de las que tan sólo percibían la grandeza y la gloria pasadas! Tras vencer al rey de Macedonia, Filipo, en Cinoscéfalos, en 197 a. C., en castigo por haber cedido a los requerimientos de Aníbal, el cónsul Flaminio se apresuró a devolver la «libertad» a las ciudades griegas. Grecia fue evacuada. Parecían estar volviendo los buenos tiempos de Pericles y Demóstenes. Por desgracia, la independencia política no bastó para devolver a las ciudades griegas su antigua grandeza. Apenas conseguida su independencia, retomaron las luchas estériles que las dividían y habían causado su declive. Se sucedieron las intrigas; se solicitó, desde todos los bandos, la ayuda de reyes extranjeros. Roma, profundamente defraudada, tuvo que volver a intervenir y se mostró severa. El rey Antíoco de Siria fue eliminado de Asia Menor y fue obligado a conformarse con sus posesiones sirias, y el rey de Macedonia, Perseo, que había sucedido a Filipo, fue derrotado en Pidna y llevado a Roma, donde permaneció preso. Finalmente, a mediados del siglo II a. C., mientras Roma consumía la destrucción de Cartago, hubo un levantamiento general en Grecia, al que Roma respondió destruyendo Corinto y reduciendo el país a provincia. Se había necesitado medio siglo para que los romanos, amigos de los griegos, comprendieran la imposibilidad de una política liberal frente a ciudades incapaces de mantener un orden duradero y proclives a la anarquía.

Roma, en tiempos de la guerra contra Aníbal, se había encarnado en dos hombres: el dictador Fabio, a quien se llamó «el Contemporizador», y Escipión, apodado «el Africano». El primero era un magistrado de la vieja escuela, prudente, autoritario y obstinado, enemigo del lujo, respetuoso de la autoridad del Senado. El segundo era un jefe brillante, confiado en su «buena estrella», admirador de los griegos y amante de la buena vida, elegante y orgulloso de sus propios éxitos, que pensaba que nada ni nadie podía permitirse la menor crítica en su contra. La nueva Roma, hija de la victoria, se encarnó en un tercer personaje, cuyo nombre adquiriría en poco tiempo el aura de la leyenda, a quien aún hoy se conoce como «el viejo Catón» o «Catón el Censor». Sin embargo, aunque Catón no siempre fue viejo y sólo al final de su vida fue censor, su censura se hizo famosa porque le permitió llevar a la práctica la mayoría de las ideas que realmente le importaban.

Catón era un pequeño burgués, oriundo de una ciudad del Lacio, Tusculum (donde más adelante viviría Cicerón). En su juventud tuvo un protector poderoso, que se interesó por él y le ayudó a sortear los primeros obstáculos en la carrera de los honores. Pero los principales apoyos los encontró en sí mismo: en su elocuencia y en la austeridad de su vida. Hombre de una absoluta integridad, se propuso denunciar todas las fechorías que veía cometer a su alrededor. Lo hacía en parte por instinto y en parte de forma deliberada, puesto que se daba cuenta del peligro que corría Roma al entrar en contacto con el mundo oriental. Si la patria romana había triunfado sobre Aníbal, era por sus virtudes de resistencia, sobriedad, desinterés, gracias a la abnegación de todos en pos del bien común y a su piedad, al respeto por los dioses, es decir, a la práctica de las reglas de vida tradicional. En cuanto al ejemplo de Oriente, no podía sino resultar funesto. El de las ciudades griegas, consumidas por luchas intestinas, ilustraba la discordia, frente a aquella armonía, aquella unión sagrada que había conocido Roma ante el peligro. El ejemplo de los reinos asiáticos hablaba de las dulzuras de una vida fastuosa y del todopoderoso dinero: allí vivía una sociedad indolente, enriquecida por el comercio de lujo, a la sombra de sus jardines, con ejércitos de esclavos a su servicio. A muchos romanos que habían servido durante la guerra contra Antíoco les tentaba seguir su ejemplo y, para ello, enriquecerse lo antes posible, por todos los medios posibles. Catón entendió el peligro y nunca se cansó de repetir con todas sus fuerzas que Roma no debía perder las cualidades a las que debía su originalidad y, en primer lugar, seguir basando su economía en la agricultura. Para convencer a sus contemporáneos publicó un librito, que ha llegado hasta nosotros, y que trata *de Agricultura*. Sostiene que el propietario de una parcela en Italia, siempre y cuando la explote racionalmente, puede obtener un beneficio sustancioso. Y que mientras el amo se encarga en la ciudad de los asuntos públicos, toda una «familia» de servidores, algunos libres y los demás esclavos, llevarán una vida de trabajo honesta y relativamente agradable contribuyendo a la prosperidad general.

En política, Catón aplicó los mismos principios. Defendió el respeto a los tratados y a las convenciones, incluso con los enemigos; quiso que las gentes de las provincias fueran tratadas de manera justa y, varias veces, se empeñó en perseguir a gobernadores codiciosos y crueles. Fue hostil a las aventuras en Oriente y, cuando se trató de castigar a los habitantes de Rodas, por haberse mostrado demasiado tibios en la defensa de la causa de Roma, Catón tomó su defensa, no tanto por la simpatía que le pudieran inspirar aquellos comerciantes del Mediterráneo oriental como porque estaba convencido de que el interés de Roma le imponía evitar demasiados contactos con Asia.

No obstante, no fue el reaccionario estrecho de miras con el que a menudo se lo asocia. Sabía apreciar el valor de las innovaciones. Su tratado de agricultura era «moderno»; aplicaba los principios antaño establecidos por el cartaginés Magón y, consciente del papel que Roma estaba llamada a desempeñar, no dudó en dotar a la ciudad de monumentos inspirados en los que ornamentaban las grandes capitales de Oriente. Fue el primero en hacer construir en Roma una «basílica», es decir, una gran sala con un techo sostenido sobre varias hileras de columnas. De este modo, los romanos, que trataban en el foro la mayoría de sus asuntos y pasaban en la plaza la mayor parte de sus jornadas, dejarían de estar expuestos a la intemperie. Escritor y prosista de mérito, Catón promovió la poesía. Durante la segunda guerra púnica, fue a buscar al poeta Ennio a Cerdeña, donde servía en una compañía de auxiliares campanianos. Ennio, padre de la poesía latina, era, sin embargo, discípulo de los poetas alejandrinos y fue quien creó la epopeya romana. Catón era muy consciente del brillo que Homero había conferido a la civilización griega. ¿Por qué no habría de volver a obrar el milagro para Roma un poeta que escribiera en latín? Ennio no escribió ciertamente una nueva *Ilíada*. Se limitó a redactar unos *Anales*, una historia romana en verso, que se ha perdido casi por completo. Aunque aquel poema tenía sus defectos, sin él Virgilio nunca hubiera podido redactar la *Eneida* dos siglos más tarde.

Al final de su vida, Catón se obsesionó con la idea de destruir Cartago. Tras la derrota de Aníbal, la ciudad había recuperado una especie de prosperidad; había terminado de revalorizar la Tunicia central desarrollando su agricultura. Catón temía que algún día los productores púnicos llegaran a ser peligrosos rivales para los de Italia y sabía que los recuerdos de la segunda guerra púnica estaban demasiado frescos y a flor de piel. Catón murió demasiado pronto para poder ver cumplido su deseo, pero es indiscutible que su obstinación contribuyó considerablemente a que el Senado decidiera declararle la guerra a Cartago en 147 a. C., con un pretexto fútil, y a que, tras un asedio atroz, la arrasara y sembrara con sal su territorio, como símbolo de maldición.

Entretanto, en Roma nació una literatura brillante. El teatro, imitación del que existía en las ciudades de la Magna Grecia, tenía muchos espectadores. Cuando murió Catón, hacía ya un siglo de las primeras representaciones, y toda una serie de autores habían compuesto obras, algunas sobre temas griegos, otras sobre temas romanos. Aunque gustaban las tragedias que recordaban las grandes epopeyas, en las que se complacía el orgullo romano, se preferían las comedias, llenas de vida, imágenes de la sociedad cosmopolita que empezaba a formarse en la ciudad, convertida ya en capital del mundo. Aparecían ancianos sentenciosos, jóvenes enamorados, esclavos siempre dispuestos a engatusar a los ancianos para sacarles dinero y facilitar los amoríos de sus jóvenes amos; bastonazos, raptos o confesiones eran los componentes esenciales del entretenimiento y el desenlace siempre salvaba las formas; los jóvenes «sentaban la cabeza», los viejos se apaciguaban y perdonaban al esclavo que los había engañado y todo el mundo aplaudía. He ahí el trasfondo de las comedias de Plauto, que escribió en la época de la guerra contra Aníbal.

Aun así no fue hasta mediados del siglo siguiente cuando empezaron a perfilarse mayores ambiciones literarias. Terencio sustituyó a Plauto. Los personajes que ponía en escena ya no eran marionetas sin gran consistencia; amaban de verdad, sufrían, se lamentaban con todo su corazón, y los viejos ya no se limitaban a refunfuñar, sino que reflexionaban y se preguntaban si la mejor forma de impedir que sus hijos hicieran tonterías no sería comprenderlos y ayudarles a ver con más claridad en sí mismos. La influencia de los filósofos griegos aparece en este teatro, que es, sin duda, menos ameno, menos burlesco que el de Plauto, pero que resulta más humano y que contribuyó, muchos siglos después, tras el Renacimiento, a formar el teatro clásico en Francia y en toda la Europa culta.

Capítulo 7

Tiempos de cólera

En 155 a. C. llegaron a Roma tres embajadores enviados por Atenas. Eran tres filósofos, los espíritus más brillantes que se habían podido encontrar. Tenían que defender la causa de Atenas ante el Senado. Concluida su misión, alargaron un poco su estancia en Roma y se dedicaron a dar conferencias públicas, y todos los romanos fueron a escucharlos con fruición.

Los romanos ya conocían a los filósofos griegos. Algunos habían entrado en las casas de los nobles, donde oficiaban como consejeros o guías; otros se habían atrevido a hablar en público, pero los magistrados se habían apresurado a prohibírselo y expulsarlos. ¿Acaso no había demostrado Roma al mundo la excelencia de su moral y sus principios? ¿De qué servía escuchar a unos charlatanes que no podían sino confundir a los espíritus? No obstante, las medidas policiales nunca consiguieron ahogar el pensamiento, y el éxito de los embajadores de 155 demostró que los romanos estaban ávidos de filosofía. No les bastaba con haber conquistado la mitad del mundo, sino que además querían saber qué hacer con su conquista y cómo gobernar razonablemente sus vidas. La antigua moral, el respeto a la jerarquía tradicional ya no bastaban. Crecía la inquietud y también el descontento.

Las eternas guerras de las generaciones anteriores habían arruinado a muchos pequeños propietarios que no habían podido garantizar la explotación de sus tierras, por estar siempre ausentes. Los ricos se habían aprovechado de la situación para comprar esas tierras a bajo precio y formar grandes propiedades. Además, el territorio de las ciudades italianas conquistadas no había sido repartido entre los ciudadanos. Se había dejado una parte, la menos fértil, en manos de los antiguos propietarios; el resto había ido a parar al «ámbito público» del pueblo romano. Los nobles se habían apropiado prácticamente de todo y lo usaban para criar ganado, que dejaban al cuidado de bandas de esclavos. Así es como la riqueza de Roma alimentaba la miseria de muchos. La plebe aumentaba: una masa inactiva, más por falta de trabajo que por pereza, y los esclavos eran una mano de obra barata que no dejaba mucho sitio a los hombres libres. En otras épocas se habría podido pensar en alimentar a esa gente convirtiéndola en soldadesca de la legión. Pero lo que ocurrió fue que las guerras terminaron; los soldados fueron despedidos y volvieron a su miseria. ¿Era justo que los vencedores, los que habían combatido, hubieran derramado su sangre en provecho de unos pocos privilegiados?

El problema se agravó tras la destrucción de Cartago y de Corinto. Los pobres y los desempleados encontraron quien los defendiera en un joven aristócrata, Tiberio Graco, que pertenecía a la clase de los afortunados, pero que no podía aceptar la triste situación de tantos ciudadanos. Graco tenía junto a sí, como consejero, a un filósofo estoico, Blosio de Cumas, que le recordaba que todos los ciudadanos de una ciudad tienen derecho a la vida, porque todos son hombres. Graco se mostraba compasivo y también sensible a la voz de la razón e intentó remediar esa situación. Recordó los tiempos en los que Roma establecía colonias de ciudadanos en los países conquistados y quiso volver a empezar. Pero para eso había que votar leyes. Se hizo elegir tribuno del pueblo en 133 a. C. y propuso reformas: se prohibiría a los ricos que acumularan demasiadas propiedades, se otorgaría al Estado la disposición del «ámbito público» y en esas tierras, en adelante disponibles, se instalaría a ciudadanos pobres. Estas leyes fueron votadas, pero su autor, al que la oposición del Senado había obligado a ponerse «fuera de la ley», fue asesinado por una banda de aristócratas en el Capitolio. Su hermano, Cayo, prosiguió su política unos años después. Consiguió, no sin dificultades, crear algunas colonias y forzó la decisión de que el Estado vendiera trigo a los pobres a un precio inferior al del mercado. Pero quiso ir más lejos y conceder el derecho de ciudadanía a todos los habitantes del Lacio que aún no lo habían recibido, para que pudieran participar en estas medidas. Entonces, la plebe de Roma ya no lo siguió, acaso pensando que demasiados beneficiarios reducirían su parte. El Senado utilizó contra él a otro tribuno, Druso, quien propuso medidas aún más revolucionarias, lo que puso fin al aislamiento de Graco. Los nobles no tuvieron entonces ninguna dificultad en orquestar una revuelta en su contra, lo que le obligó a suicidarse. Y las leyes impuestas por la acción generosa de los dos hermanos se convirtieron, de hecho, en papel mojado. El Senado había ganado la partida pero su victoria no hizo más que agravar el problema. Un foso más profundo que nunca separaba ahora a la clase dirigente del pueblo llano.

Estos fermentos de odio no tardarían en germinar. Apenas dos años más tarde, floreció la popularidad de un hombre que debería superar a los Gracos tanto en popularidad como en virulencia revolucionaria: el plebeyo Mario. Este sencillo campesino se había hecho soldado y, por méritos propios y coraje, había ido consiguiendo sus galones. Tras una primera campaña en España, había sido elegido tribuno, tras lo cual regresó al ejército, esta vez en África, para luchar contra el rey numida Yugurta, autor de toda clase de crímenes y enemigo declarado de los romanos. Lugarteniente del cónsul Metelo, pronto fue elegido cónsul y tomó el mando en su lugar. Fue él quien consiguió la victoria final, aprovechando los logros de Metelo, y eso reforzó considerablemente su prestigio. Pero al poco tiempo, Italia sintió miedo: bandas de germanos, cimbrios y teutones bajaron por el valle del Ródano e intentaron penetrar en territorio romano por los pasos de los Alpes. Varios ejércitos enviados habían sido destruidos. Mario fue reelegido cónsul, pese a las leyes que prescribían un intervalo mínimo entre dos consulados sucesivos. Reorganizó el ejército, enroló como voluntarios a todos los pobres diablos, sin bienes ni hogar, casi sin patria, que malvivían en las aldeas italianas, e hizo de ellos un ejército profesional. Cuando los tuvo bien controlados, partió en busca del invasor. Venció a los teutones en Aix-en-Provence y a los cimbrios en Vercellae, en la Galia Cisalpina. Regresó a Roma como vencedor y el pueblo le brindó su sexto consulado. La plebe romana creía haber encontrado en Mario a un salvador, al hombre que pondría fin a todas sus desgracias, como la había protegido de la invasión extranjera.

Sin embargo, Mario estaba menos preparado que Graco para resolver los problemas políticos. Era un hombre de acción, un soldado que desconocía las sutilezas de los cauces legales. Manipulado por el Senado, se vio en una situación que le obligaba a traicionar a sus amigos plebeyos. Lo hizo e inmediatamente después se exilió voluntariamente en Oriente. No obstante, aguardó el momento oportuno para volver y éste no se hizo esperar: Roma se encontró repentinamente inmersa en una terrible rebelión que puso en peligro su propia existencia. Otros problemas se cernían sobre Italia desde hacía años. Las poblaciones «aliadas», es decir, las ciudades italianas sometidas a Roma y desposeídas de gran parte de sus tierras, no estaban conformes con su situación de inferioridad. Cayo Graco ya había intuido este peligro e intentado conceder a los aliados el derecho a la ciudadanía romana, pero murió antes de conseguirlo. En 91, un tribuno de la plebe, Livio Druso, retomó el programa de Cayo Graco. Entre otras cosas, propuso una ley que hubiera convertido a todos los italianos en ciudadanos romanos. Pero él también murió asesinado, cuando se disponía a hacer aprobar la ley. Aquello fue el detonante de una rebelión casi general de los italianos. Los insurgentes contaban en sus filas sobre todo con los montañeses de los Apeninos, los marsos y los samnitas, que unos siglos antes habían opuesto una durísima resistencia a las legiones; los etruscos —o lo que quedaba de ellos— y sus vecinos, los umbros, se mantuvieron fieles a los romanos.

Como siempre, Roma encaró el peligro con valentía. Formó legiones y multiplicó los ejércitos. Pero las ciudades fieles no eran las únicas que proveían hombres; llegaron «auxiliares» de España, de África, de las Baleares (que proporcionaban excelentes honderos), de la Galia (donde los romanos habían constituido una provincia, desde los Alpes hasta Narbona). En resumen, se movilizó al Imperio para aplastar a los rebeldes italianos: situación cruel, que conmovió a los propios romanos y hasta les dio mala conciencia. ¿Así se recompensaba a los guerreros italianos por los servicios prestados a la patria romana durante la guerra de Aníbal? Estos escrúpulos no impidieron a los legionarios luchar con todas sus fuerzas y devastar el país enemigo, pero, a la larga, los vínculos entre los dos bandos fueron más fuertes que la cólera. Mario, a quien se había encomendado una comandancia, tuvo la habilidad de dejar que sus soldados confraternizaran con el enemigo y, poco a poco, la resistencia de los rebeldes fue perdiendo intensidad. El Senado siguió su ejemplo y se mostró generoso; concedió el derecho a la ciudadanía a categorías cada vez más amplias de italianos. Los motivos de la guerra habían sido, de esta forma, casi totalmente eliminados. Y la paz volvió a Italia.

Entonces fue cuando estalló la primera de las «guerras civiles» que habrían de arruinar paulatinamente la república romana e imponer un cambio de régimen político, lo que provocaría el surgimiento del Imperio.

Roma desempeñaba un papel demasiado importante en todo el mundo mediterráneo como para que sus dificultades interiores no tuvieran repercusiones enormes, incalculables. En Oriente, había debilitado el reino de Siria y, desde 133, se había instalado en Asia, donde el rey de Pérgamo, Atalo III, la había nombrado heredera de su reino. Pero junto a la nueva provincia estaba creciendo un reino, en manos de un ambicioso príncipe, Mitrídates. Este rey, que antiguamente dominaba el reino del Ponto, en la orilla meridional del mar Negro, había ido ganando posiciones hasta debilitar, por medio de alianzas, casamientos y una incansable actividad diplomática, la situación de Roma en Oriente. Trabajó tanto y tan bien que en cuanto terminaron la guerra contra sus «aliados», los romanos tuvieron que intervenir contra él. Desgraciadamente para Roma, las fuerzas que enviaron contra el rey fueron insuficientes y no pudieron resistir. Fueron derrotadas y, una a una, todas las ciudades de Asia, y poco después también las griegas, abandonaron el bando romano. Es más, Mitrídates ordenó exterminar a todos los italianos y romanos que se hallaban en Oriente. En un solo día se asesinó a más de 80.000 personas. Incluso Atenas, tan mimada por Roma, se dejó seducir. Y, desastre irreparable, una flota al servicio del rey tomó la isla de Delos, que era el centro de todo el comercio italiano del Mediterráneo occidental; los comerciantes italianos fueron exterminados, las instalaciones destruidas y la isla devuelta por Mitrídates a Atenas.

Roma quedó embargada por la cólera y el dolor. Las posesiones de Asia eran, en efecto, la principal fuente de riquezas del Estado. Allí es donde operaba toda la burguesía, donde aquellos «caballeros» en ascenso se iban haciendo con casi todo el comercio del mundo. Eran los caballeros quienes habían organizado «sociedades de publicanos» para garantizar el cobro de impuestos en las provincias orientales. Compraban, a precio alzado, el derecho exclusivo a cobrar todos los tributos, organizar las aduanas y los peajes. Podemos imaginar los tesoros que acumulaban en sus cofres. Y he aquí que la audacia de Mitrídates los dejaba brutalmente, sin blanca. No sólo peligraban sus intereses de clase sino que toda la vida económica de Roma se derrumbaba.

El Senado decidió encomendar las operaciones de Oriente al cónsul Cornelio Sila, un antiguo lugarteniente de Mario, con amistades aristocráticas. Un tribuno, Sulpicio Rufo, se opuso y propuso el nombre de Mario… Sila, que estaba movilizando su ejército, reaccionó con brutalidad y, despreciando la legalidad, marchó sobre Roma y masacró a todos sus opositores. Mario apenas tuvo tiempo de huir a África y Sila partió finalmente hacia Oriente. Pero apenas les dio la espalda, aristócratas y demócratas retomaron la lucha. Se impusieron los segundos, liderados por el cónsul plebeyo Cinna. A la vista de los acontecimientos, Mario regresó a toda prisa y, a su llegada, se sublevó la plebe. Empezó la masacre de senadores, de ricos y de todo aquel que fuera sospechoso de reprobar el gobierno popular. Cayeron miles de víctimas, los cadáveres permanecieron en las calles, sin recibir sepultura, y los peores elementos de la población, los esclavos de las víctimas, se aprovecharon de la situación para saquear y masacrar. ¡Fue preciso recurrir a soldados galos para restablecer un poco el orden!

Entretanto, Sila seguía luchando en Grecia y sitiaba Atenas. Tomó la ciudad por sorpresa y masacró sin piedad a cualquiera que fuera sorprendido empuñando un arma. Sin embargo, perdonó al resto de la población, en honor al pasado glorioso de Atenas. Cinna, desde Roma, intentó deponer a Sila y quitarle el mando. Mario había muerto, agotado por los excesos, y Cinna era el único amo. Había enviado a Grecia un ejército de 12.000 hombres contra Sila, pero éste se ganó la confianza de jefes y soldados y todos se unieron a él. Con su ayuda logró forzar a Mitrídates a firmar la paz y, habiendo restablecido la situación en Oriente, emprendió victorioso el camino de vuelta a Roma. En la primavera de 83, desembarcó en Brindisi, al frente de su ejército. El partido popular se había alzado en armas. Hubo batallas campales, mientras en la ciudad seguían las masacres. Pero Sila superó todos los obstáculos. El 1 de noviembre de 82, ante la puerta Colina, bajo los muros de Roma, aplastó a sus adversarios, que habían conseguido rebelar a una parte de los italianos: perecieron más de 50.000 soldados «populares» en acción; 8.000 prisioneros fueron ejecutados a sangre fría. La guerra civil había terminado, por un tiempo.

Sila se había convertido, por la fuerza, en amo y señor de Roma. Podría haber sido rey, pero prefirió restaurar el régimen aristocrático y adoptó el título de dictador. Empezando por una gran «depuración», puso fuera de la ley a todos los sospechosos. Cuarenta senadores y 2.600 caballeros sucumbieron de esta forma. Muchos murieron simplemente por ser ricos y porque los amigos de Sila codiciaban su fortuna. Después emprendió la tarea de reorganizar la ciudad. Devolvió al Senado sus antiguos poderes, redujo los derechos de los tribunos, retiró sus privilegios económicos a los caballeros, les prohibió que figuraran en los tribunales (funciones muy apreciadas por los caballeros). De esta forma, se amputaron todos los fermentos de anarquía que viciaban la constitución romana. Obra genial, consumada a sangre y fuego, sin duda, pero que habría podido evitar otras revoluciones, si Sila hubiese tenido la voluntad de aplicarla sin tregua. No tuvo esta voluntad. En 79 abdicó y se retiró, como simple ciudadano, a su villa de Cumas, para vivir tranquilamente con su joven mujer, con la que acababa de casarse. Unos años más tarde, moría, desapareciendo del escenario de la Historia tan bruscamente como había entrado y dejando, si no una obra perenne, sí un ejemplo en el que habría de inspirarse, poco después, un hombre que había sido cl sobrino de su enemigo Mario, aquel joven César al que Sila había perdonado la vida, vaticinando que Roma encontraría en él «muchos Marios».

Capítulo 8

El fin de un mundo

La «restauración» de Sila no había resuelto ningún problema. Ahora como antes, la plebe vivía en la miseria, los caballeros eran ambiciosos y estaban ávidos de dinero, los senadores eran egoístas e incapaces de la menor generosidad y Mitrídates seguía tan decidido como siempre a proseguir su lucha contra Roma. Los males incluso se habían agravado, porque sus causas seguían activas: los desórdenes de la guerra civil habían provocado un aumento del número de pobres y sacudido profundamente toda Italia, cuyos campos, cada vez menos cultivados, eran abandonados a los esclavos de unos cuantos grandes propietarios que poseían provincias enteras. A los soldados de Sila, que éste había distribuido por diversas zonas, entregándoles tierras, les costaba plegarse a las exigencias de una vida de trabajo, y el primer aventurero que pasara por ahí podía llamarlos a las armas, y ser escuchado. Y sobre todo, había quedado demostrado que si un jefe afortunado conseguía afianzar un ejército que sintiera devoción por él, podría permitirse cualquier cosa para dominar a Roma como jefe absoluto.

Durante los años que siguieron a la abdicación de Sila, su obra política se derrumbó rápidamente. Como siempre, en

Roma, las amenazas exteriores sirvieron para tapar, por un tiempo, los problemas internos. De no haber tenido que lidiar con guerras en las provincias, es probable que Roma hubiera seguido desgarrándose internamente, por no encontrar un régimen aceptable para la mayoría de los ciudadanos que la componían.

Todo empezó en España, donde un antiguo partidario de Mario, Sertorio, había creado una provincia disidente. Se había rodeado de italianos descontentos con las reformas de Sila y de enemigos de Roma. También había sabido ganarse hábilmente a los españoles, halagándolos, hablando su lengua y consiguiendo, de esta manera, que se «romanizaran». Poco a poco, en España fue surgiendo gracias a él un verdadero Estado independiente que se civilizaba. Abrió escuelas, difundió las ideas romanas, se rodeó de un «Senado» en el que admitió a españoles. Se había convertido en algo parecido a un rey de este Estado incipiente y acariciaba la esperanza de poder resistir indefinidamente a los ejércitos que Roma lanzaba contra él. Entretanto, Mitrídates volvió a la lucha. Sertorio no dudó en aliarse con él: Roma quedaría atrapada entre dos amenazas, una llegada de Oriente y la otra desde Occidente. El odio cegaba a Sartorio. Su cálculo no sólo era criminal, sino también falso. Por muchos frentes que se le abrieran a Roma, seguía contando con recursos suficientes para derrotar a todos sus enemigos. Sertorio fue aplastado, mientras una exitosa serie de campañas ponía fin, en Oriente, a las ambiciones de Mitrídates, que tuvo que suicidarse tras una larga resistencia. El rey, que conocía las costumbres orientales, y sabía, por experiencia propia, lo mucho que se usaban los venenos en aquellas cortes repletas de intrigantes, se entrenaba desde hacía mucho tiempo para resistir a su efecto. Cuando quiso envenenarse, no lo consiguió y tuvo que recurrir al puñal.

Sin embargo, con eso no terminaban todos los problemas. Para aniquilar a Mitrídates, había sido preciso conceder poderes extraordinarios a un único hombre, Pompeyo, que había reunido bajo su mando a fuerzas considerables y se había dejado ver en todos los campos de batalla, desde España, contra Sertorio, hasta Oriente, contra Mitrídates y los piratas, que aprovechaban las dificultades de Roma para impedir casi totalmente la navegación pacífica, e incluso en Italia, donde bandas de esclavos, lideradas por un gladiador, Espartaco, habían llegado a controlar el campo. Pero para responder en todos los frentes se necesitaban ejércitos y cada vez se mandaba a filas a más pobres, que de este modo conseguían un recurso inesperado. Ya no estaban al servicio de una patria, sino de un general que les pagaba, y este general tampoco era ya un magistrado elegido por el pueblo, que se debía al Senado, sino un ambicioso que se negaría, tras la victoria, a volver a su lugar. Roma esperaba a un amo. Candidatos no faltaban, pero ninguno conseguía imponerse de buenas a primeras. El que finalmente habría dc triunfar, maduró su ambición durante más de veinte años y tuvo que librar terribles y sangrientas batallas para imponerse.

Un hombre dominó todo aquel período de la historia de Roma y su muerte, en 43 a. C., marcó el final de la República, es decir, de la libertad, como se decía en aquel entonces. Ese hombre fue Cicerón y sería fácil argumentar que él, que fue el mayor orador de Roma, no fue más que un pequeño burgués vanidoso, timorato, codicioso y sin verdadero sentido político, un charlatán que puso su elocuencia al servicio de un aristócrata egoísta, a quien cobraba muy caro su apoyo. Es fácil, pero también profundamente injusto y, al mismo tiempo, gravemente inexacto.

Cicerón pertenecía a una familia de caballeros; ningún familiar suyo había ejercido antes una magistratura importante. El joven Cicerón tenía ambiciones. Desde muy joven mostró sorprendentes dotes para la elocuencia y fue el alumno dócil de los mejores oradores que entonces dominaban la vida política. Y es que, en la República, para imponerse había que saber hacerse escuchar. Muy pronto, Cicerón atrajo la atención de la opinión pública. Tomó la defensa de un liberto de Sila, en pleno apogeo del dictador, y consiguió la condena de su adversario. Estimó prudente abandonar Roma por un tiempo y se fue a Grecia a completar sus estudios, que hasta entonces habían transcurrido en las escuelas de Roma. Allí conoció a filósofos y se entusiasmó con las discusiones que solían entablar los maestros de mayor renombre en Atenas. También escuchó las lecciones de los oradores y viajó hasta Rodas para escuchar las de Molón, el más célebre de los oradores. Al regresar a Roma, había adquirido una inmensa cultura, tanto griega como romana. Su horizonte se había ampliado. Ya no creía que bastara atenerse fielmente a los «principios de los antepasados» para resolver cualquier problema. Aunque instintivamente era partidario del orden establecido, tampoco quería que se perpetuara la tiranía inflexible de los senadores. En su mente iba tomando cuerpo la idea de una política de equilibrio entre las distintas clases sociales, que poco después predicaría con el nombre de «concordia de órdenes».

Para empezar, atacó a un senador gravemente implicado en asuntos turbios: pillajes, abusos de poder y ejecuciones sin juicio durante un gobierno provincial. Fue el proceso de Verres, en el que Cicerón ejerció de acusador, a petición de los sicilianos, que habían sido víctimas de aquel gobernador sin escrúpulos. Verres no esperó el juicio y se condenó a sí mismo al exilio. El escándalo fue tal que permitió modificar la ley de Sila que reservaba los jurados a los senadores; de ahora en adelante, los caballeros también participarían en ellos.

Unos años más tarde, Cicerón parecía estar a punto de pasarse al bando de los senadores. Fue durante su consulado, en 63, cuando logró impedir la aprobación de una ley agraria, que entroncaba con los viejos proyectos de los Gracos. Pero en realidad fue para evitar disturbios y acaso la amenaza de una guerra civil. Aquel mismo año, Cicerón tuvo que enfrentarse a una nueva amenaza: Catilina, uno de esos ambiciosos que consideraban las magistraturas como instrumentos para enriquecerse, había fracasado en el consulado. Saltándose la legalidad, orquestó una conjura para tomar el poder por la fuerza. Reunió a nobles resentidos, agobiados por deudas, y también a veteranos de Sila, pequeños propietarios en una situación complicada, es decir, tanto a la gente que tenía algo que ganar con una revolución como a la que no tenía nada que perder. Cicerón estuvo atento y logró destapar la conjura antes de que Catilina pudiera actuar. Lo denunció al Senado, que al principio reaccionó con incredulidad, pero unos días después Cicerón consiguió descubrir cartas comprometedoras para los conjurados en el equipaje de los diputados galos. Éstos pretendían crear una maniobra de distracción en la Galia para poder llevar adelante su golpe. El Senado, finalmente convencido, entregó a los conjurados al cónsul, quien los mandó ejecutar en la cárcel. Catilina había conseguido huir. Buscó refugio entre sus partidarios, que habían logrado organizar un ejército en Etruria. El otro cónsul, Antonio, les presentó batalla y los aplastó cerca de Pistoia. Allí los mataron, incluido a Catilina, que cayó empuñando las armas.

Los senadores y caballeros habían pasado mucho miedo. Cicerón recibió los mayores cumplidos, fue nombrado «padre de la patria» (honor que no tuvo la modestia suficiente para rechazar). Consciente de lo que había hecho por Roma, se pasó el resto de su vida alabando sin fin su «gran consulado». Pero se le perdonará con mucho gusto esta ridiculez, si se tiene en cuenta que, de no haber sido por él, el Estado romano hubiera quedado a expensas de unos aventureros, la sangre hubiera corrido como en los tiempos de Mario y, quizás, el Imperio de Roma hubiera sucumbido a la crisis.

No obstante, la constitución que había salvado Cicerón ya volvía a estar amenazada. Tres ambiciosos, Pompeyo, César y el rico Craso, habían llegado a un pacto secreto, que se conoce como «el primer triunvirato». Se habían prometido asistencia mutua para repartirse el poder y garantizar el consulado de César, pues era su turno. De los tres cómplices, sólo César tenía un verdadero pensamiento político. Quedó claro durante su consulado. Por un tiempo, mantuvo sinceras esperanzas de poder llevar a cabo las reformas necesarias de forma pacífica; quiso entregar tierras a los desposeídos, limitar los excesos de los gobernadores en las provincias; también se le debe la publicación, por primera vez en la historia, de un *Diario* de Roma, que comunicaba al público las noticias importantes y permitía que la opinión pública tomara partido con conocimiento de causa. En resumen, César hizo verdaderos esfuerzos durante su consulado por abrir la vida pública al exterior y renovar la atmósfera pestilente y venenosa que reinaba en el Senado. Pero se topó con una resistencia tan obtusa como empecinada del otro cónsul, Bibulo, que se encerraba en su casa cada vez que César hacía aprobar una ley o tomaba una medida importante, pretextando que «los presagios eran desfavorables». César no lo tenía en cuenta y la ley era finalmente adoptada, la medida entraba en vigor. Pero ¿qué pasaría al año siguiente, cuando César ya no fuera cónsul sino un simple particular? ¿No tendría que rendir cuentas ante los jueces por todas aquellas irregularidades?

Para realizar su obra y conseguir que perdurara, y también por prudencia y para no correr la misma suerte que los Gracos, César montó una maquinaria política muy compleja. Para empezar, se hizo nombrar, al final de su consulado, gobernador de la Galia, lo que le garantizaba el mando de un ejército. Además, se alió con un agitador profesional, el joven y bello Publio Clodio, que no tenía rival para provocar escándalos o lanzar bandas armadas contra el Foro o el Campo de Marte si era preciso con tal de acallar a sus adversarios. Si alguien insinuaba con oponerse a César, éste amenazaba con dejar ir contra él a Publio Clodio. Cicerón seguía siendo capaz de manejar a buena parte de la opinión pública. César le sugirió a Clodio que lo acusara de haber violado la ley por ejecutar sin juicio a los cómplices de Catilina. Pero no se podía juzgar a un orador en un proceso regular, ya que los jueces más selectos, los más prudentes, podían dejarse seducir por sus palabras. De modo que se llevó el caso directamente ante el pueblo, con el pretexto de hacer votar una ley general que en realidad no tenía más motivo que el caso Cicerón. La plebe aprobó la ley, presionada por las bandas de Clodio, y también de los ejércitos de César, que esperaban a las puertas de la ciudad la expulsión del gran orador antes de ponerse en camino hacia la Galia. Cicerón tuvo que partir al exilio, a pesar de sus ruidosas protestas: los «buenos ciudadanos» estaban afligidos; los senadores no se preocupaban demasiado por su suerte; no entendían que ese exilio era como el primer acto de la revolución que precipitaría su propia caída. El partido «popular» estaba encantado; en otro tiempo había simpatizado con Catilina y asistía con regocijo al desplome del hombre que había salvado a Roma de sus proyectos.

Con Cicerón en el exilio y el «partido de la gente de bien» decapitado, César inició la conquista de la Galia. A nadie se le hubiera ocurrido un proyecto más descabellado. Los romanos estaban instalados en el sur y mantenían relaciones amistosas con los demás pueblos. César se propuso someter a todo el país, aduciendo un pretexto menor. Algunas naciones lo acogieron favorablemente, pero, poco a poco, se fue formando un movimiento de resistencia y la guerra se endureció. Los galos, siempre divididos, escucharon la voz de un jefe auvernés, Vercingetorix, y empezaron la lucha. Cualquier otro, ante una coalición tan potente —reunía a todas las naciones, desde las Cevenas hasta la costa de la Mancha y las orillas del Rin—, hubiera renunciado y dejado en paz a los galos. Pero César no podía dar marcha atrás, no se podía permitir volver a Roma vencido; sabía que tendría que rendir cuentas y que sus enemigos no dejarían pasar la ocasión para destruirlo. Además, él era César; llevaba en sí una energía indomable; las dificultades no hacían más que incitarlo a proseguir su empresa, y ante el peligro se reveló como uno de los mayores generales que haya conocido la Historia. Con la diplomacia, el terror y golpeando tan fuerte como rápido, consiguió dividir a la coalición de las ciudades galas. Alistó tropas en la provincia romana, reclutó a caballeros germanos, siempre felices de saldar cuentas con sus viejos enemigos galos. Una primera vez, creyó tener a Vercingetorix a su merced mientras asediaba la ciudad de Gergovia, pero tuvo que levantar el sitio de forma precipitada. Unos meses más tarde, se tomó la revancha por todo lo alto, frente a Alesia, donde Vercingetorix se había dejado encerrar. Atrapado entre los galos de la ciudad y un formidable ejército de auxilio, consiguió —fortificándose, luchando en dos frentes, usando sus fuerzas de manera genial— dispersar a las tropas que lo atacaban desde fuera. Vercingetorix, desanimado, no tuvo más remedio que entregarse para evitar una masacre. La resistencia gala había sido doblegada; algunos focos se mantuvieron activos durante un tiempo; los redujo, pero ya era sólo una cuestión de paciencia y a César no le faltaba.

Entretanto, en Roma había quedado sólo uno de los tres componentes del triunvirato, Pompeyo. Craso, excitado por el imaginario de los tesoros de Oriente, libraba una guerra contra el Imperio Parto, que limitaba al este con la provincia de Siria. Pero procedió con torpeza, sin ninguna prudencia, y fue derrotado y muerto en el campo de batalla. Mientras César estuviera entretenido en la Galia, Pompeyo era el árbitro de la situación. Había aceptado la vuelta de Cicerón y, poco a poco, se estaba acercando al partido reaccionario de los senadores. Además, Clodio había muerto, había caído asesinado durante una pelea entre su gente y la de otro aventurero, llamado Milón, que trabajaba para el Senado. El viento cambiaba de dirección. César veía cómo se acercaba el momento en que tendría que regresar a Roma, dejar de ser *imperator* y rendir cuentas de una vez por todas. Para evitarlo, no le quedó más remedio que desencadenar una guerra civil. Ésa es la razón por la cual, a principios del mes de enero de 49 a. C., atravesó, al frente de su ejército, el pequeño río del Rubicón (sobre el Adriático, no lejos de Rávena), que marcaba el límite oficial de su provincia. Se dice que actuó animado por presagios extraordinarios; parece ser que alguien vio a un ser de un tamaño sobrenatural blandir una trompeta y dar la señal a los soldados. César creía en su buena estrella, y sus tropas confiaban en él como en un dios. Junto a ellas, descendió lentamente la ruta que bordeaba el Adriático; las ciudades se entregaban una tras otra. En Roma, los senadores, presa del pánico, se afanaban en vano por concentrar tropas. Imploraron a Pompeyo que organizara la resistencia. Pero la partida ya estaba perdida en Italia. Pompeyo tuvo que calibrar su decisión y partió hacia Oriente, con todos los apellidos ilustres de Roma. Se instaló en Épiro, en la costa oriental del Adriático y desde allí empezó a preparar activamente la reconquista.

El mundo había quedado dividido en dos bloques; al frente de Occidente, estaba César; al este, Pompeyo. César disponía de Italia y la Galia, a las que pronto se sumó España, liberada en una sola campaña de las tropas fieles a Pompeyo que la ocupaban. Finalmente, seguro de sus fuerzas, César se trasladó también a Oriente y, en el campo de batalla de Farsalia, el 9 de agosto de 48, venció a Pompeyo y a las fuerzas del Senado. Era el fin de la república romana. Pero para que se impusiera un orden estable y la paz volviera definitivamente a la ciudad y al mundo, aún faltaban muchas luchas y mucha sangre, también la del vencedor.

Capítulo 9

El nacimiento del Imperio

La aristocracia romana salía maltrecha de la lucha. Sus mejores representantes habían muerto en Farsalia. César los sustituyó llamando al Senado a hombres nuevos, que se lo debían todo y no podían representar ninguna amenaza. En pocos años, César reorganizó a fondo el Estado. Promulgó leyes, debilitó la influencia de los magistrados, eligió él mismo a la mitad de los candidatos, controló las sociedades de publicanos a fin de garantizar un poco más dc justicia cn las provincias, puso a punto una simplificación del derecho romano, creó colonias para dar pan a los pobres y enriquecer a los antiguos soldados; también se interesó por problemas tan técnicos como la reforma del calendario: el calendario juliano que instituyó por fin armonizó el tiempo «oficial» y el real, y situó, por ejemplo, el principio de las estaciones en las mismas fechas cada año, lo que no ocurría con el sistema antiguo. César también hubiera querido ser rey. Estaba por encima de las leyes, ostentaba el título de «dictador perpetuo», pero eso no le bastaba. Convencido del carácter divino de su misión, deseaba una consagración que sólo la realeza le podía procurar. ¿No era, acaso, descendiente de aquel Iule, que era hijo de Eneas y había fundado Alba? Así pues, en el origen de su raza estaba la mismísima diosa Venus, que habría prometido el dominio del mundo a la raza de Anquises, según cuenta Homero.

César no se limitó a modificar profundamente las instituciones romanas. Se propuso remodelar la ciudad, inspirándose en las grandes capitales helenísticas. Creó un nuevo Foro, al que dio su nombre y en cuyo centro erigió un templo a la Venus Madre, símbolo de la realeza de esencia religiosa que ambicionaba fundar. Y ya se preparaba para pasar a Oriente, para seguir la epopeya de Alejandro Magno; esperaba someter a las armas romanas todos los países de Asia, hasta la India. El ejército se había concentrado en Apolonia, en la costa de Épiro. César se disponía a viajar hacia allí, en los Idus de marzo de 44 (el 15 de marzo), cuando una banda de conspiradores lo asaltó, en pleno Senado, y lo apuñaló.

Era la primera reacción del partido «pompeyano»: unos cuantos aristócratas, supervivientes del gran naufragio de Farsalia, tenían la esperanza de volver a la República eliminando al tirano. A sus espaldas, la gran figura de Cicerón. Es probable que no participara en la conjura, pero Cicerón se alegró y también creyó que la revolución de César no había sido más que una pesadilla de la que Roma apenas estaba, por fin, despertando. Ilusión que no tardaría en disiparse. La impronta de César había marcado a Roma para siempre. Y quedó claro que el curso de la Historia no se puede remontar.

César había muerto, pero uno de sus cónsules, Marco Antonio, era su lugarteniente, su amigo. Se convirtió en el heredero de su pensamiento. Además, surgió un nuevo personaje, Octavio, un sobrino-nieto de César que éste había adoptado y que reivindicaba la herencia del dictador. Octavio sólo contaba 19 años, pero le animaba una ambición feroz y era un político de una habilidad diabólica. Llegaba a Roma sin recursos, sin amigos, sin fama, sin gloria. En pocas semanas se convirtió en el árbitro de la situación. Tomó partido por el Senado, contra Antonio, salió victorioso y, entonces, de repente, cambió de bando, unió sus fuerzas a las de su enemigo de la víspera, pisoteó al Senado y formó con Antonio y un tercer compinche, Lépido, un triunvirato que asumió oficialmente la misión de reorganizar el Estado. Los tres establecieron una lista de proscritos: todos sus enemigos políticos, todos los partidarios de los conspiradores de marzo, entre ellos Cicerón. Por un momento, Cicerón intentó huir. Después, cansado, perdidas sus esperanzas en la salvación del Estado, volvió libremente a tender la cabeza a los asesinos. La cabeza y las dos manos del orador, cortadas sobre el cadáver, fueron clavadas en la tribuna del Foro: ¡así terminaron los enemigos de César!

Los conspiradores de marzo, liderados por Bruto y Casio, habían huido a Oriente, para resucitar el proyecto de Pompeyo. Como él, serán vencidos, en Filipos, el año 42. Esta vez fueron aniquilados sin remedio los últimos vestigios de la aristocracia, todos los que tuvieran algún coraje. Y los vencedores se repartieron el mundo. Lépido se quedó con África. Antonio, por su parte, exigió Oriente. Octavio, más prudente, aceptó Italia y de este modo, mientras Antonio proseguía exaltado el sueño de César y se agotaba en vanas campañas contra los partos, puso a punto con todo cuidado su proyecto: convertirse en el único jefe.

Durante esos años, que separan la batalla de Filipos y la de Accio, el mundo romano esperaba angustiado a ver quién se imponía, si Antonio u Octavio. El primero concitó al principio mayores simpatías. Era un soldado brillante; era generoso, caballeresco, protagonista de grandes hazañas. Todo, hasta sus locuras, como cuando vivió como un rey oriental con Cleopatra, la reina de Egipto, y se hacía llamar dios, excitaba la imaginación de los espíritus. Hay que reconocer que frente a Antonio, el joven Octavio no daba la talla: enclenque, hermético, rodeado de amigos sin prestigio, como ese Agripa a quien nunca se veía sonreír y que no era noble, o aquel Mecenas voluptuoso, que vivía en sus espléndidos jardines y se negaba a ejercer la menor magistratura oficial porque prefería orquestar, en secreto, múltiples intrigas. En cuanto a Lépido, había caído en la insignificancia; estaba en Italia, en un régimen de residencia vigilada, que no le permitía desempeñar ningún papel. Y los dos protagonistas del juego se enzarzaron en una guerra de panfletos. Arruinaron sus respectivas reputaciones, perdieron partidarios e intentaron desprestigiarse el uno al otro. Al final, la pelea era inevitable y en Accio, a principios de septiembre de 31, la flota de Antonio se cruzó con la de Octavio. La presión de los navíos romanos hizo huir a las galeras egipcias. Unos meses después, Octavio estaba en Alejandría, donde Antonio, primero, y Cleopatra después, se suicidaron. Dos años después, en el mes de agosto de 29, Octavio, que había terminado de pacificar el mundo romano, celebraba un triple triunfo.

Aquel día, empezó para Roma una nueva era. Por fin había vuelto la paz. Pero a un precio muy alto. La vieja casta senatorial, que encarnaba el espíritu de la República, había desaparecido casi por completo. Las rigideces del antiguo orden no podían hacer olvidar todo lo que se le debía a un régimen que había sido capaz de garantizar la victoria de Roma en las peores crisis y había conquistado un inmenso imperio, que abarcaba todo lo que podía considerarse el mundo civilizado; más allá de las fronteras empezaba la barbarie. Pero era el peso mismo de este imperio lo que había roto el equilibrio. Durante mucho tiempo, la aristocracia conquistadora no sólo había negado cualquier justicia a los súbditos conquistados, sino también a la mayoría de los ciudadanos. Ya era hora de dar paso a un sistema más flexible y humano, aunque fuera a costa de la desaparición de la antigua «libertad», es decir, de hecho, del privilegio de una clase dirigente ahora sometida a un amo y señor.

La victoria de Octavio fue recibida con alivio; suponía el fin de las guerras civiles. Y este sentimiento de agradecimiento hacia Octavio encontró enseguida una expresión magnífica. Hasta entonces, nunca los poetas romanos habían puesto acentos tan sinceros como los que descubrimos en los poemas de Virgilio y Horacio. Bien es cierto que en los últimos años de la República, la literatura romana había progresado mucho. Los poetas, sobre todo Lucrecio y Catulo, habían aprendido de la escuela griega, lo que no les había impedido crear un lenguaje poético verdaderamente romano. Lucrecio había expuesto, en una grandiosa epopeya, el sistema de la naturaleza, tal y como lo concebía el filósofo Epicuro. Mostraba cómo la materia bruta había ido organizándose, paso a paso, gobernada por el azar, encontrando sus propias leyes, dando a luz a los seres organizados; describía los primeros esfuerzos del hombre por elevarse por encima de su condición miserable; pintaba al hombre descubriendo el fuego, usando instrumentos, aprendiendo a dar forma a los metales, hasta la formación de las primeras sociedades y los primeros esbozos de justicia y ley. Catulo había enseñado que era posible cantar al amor, un sentimiento que los rudos romanos de antaño habían considerado una debilidad casi vergonzosa o una especie de locura.

Virgilio y Horacio añadieron un nuevo acento: el amor a la patria, la angustia que sintieron en el peor momento de las crisis, la esperanza que suscitaron César y, después, Octavio, y plasmaron todo ello en poemas de excelsa belleza. Virgilio, oriundo de la región de Mantua, un país rico, de líneas suaves, se convirtió en el bardo de las tierras de Italia y prestó su voz a todos los sentimientos confusos que podían experimentar aquellos «campesinos», cuyas pobres tierras habían sido, muy a menudo, la causa de combates e intrigas. Esta inspiración ya aparece en las *Bucólicas* y estalla en las *Geórgicas* —compuestas, según se dice, a petición de Mecenas—, que envuelven la vida ruda, pero sencilla y verdadera, de los campesinos, en una aureola poética. Cuando propuso ese tema a su poeta, Mecenas sabía que prestaba un buen servicio a su señor y contribuía a la obra de restauración que era urgente emprender. Antaño, Catón se preocupaba por el «rendimiento» de la tierra. Virgilio, Octavio y Mecenas pensaban sobre todo en los hombres que vivían en aquella tierra y querían revelarles la grandeza de su tarea, así como todas las posibilidades de felicidad que entrañaba.

Horacio era del sur. Aportó, en su poesía, la sabiduría popular, la malicia de raza y el sentido de la vida, ese gusto por lo pintoresco que siempre ha sido inseparable del sur de Italia. También aportó, acaso por primera vez, una preocupación que el espíritu de los griegos siempre había tenido presente, pero que Roma apenas había conocido hasta entonces: la belleza pura, la perfección formal, del bello poema, escrito con vistas al puro disfrute, así como a cualquier artesano ático le gustaba modelar y decorar una vasija y convertirla en un «bello objeto». Sus *Odas* están repletas de sol, de alegría, pero también de sabiduría y de serenidad, incluso ante la huida del tiempo y de la vejez que se acerca.

Durante las guerras civiles, Roma había perdido muchas de sus tradiciones. Octavio entendió la necesidad de darle otras nuevas. La empresa era difícil; recurrió a los poetas para crear auténticos «mitos» al servicio de una nueva fe. Virgilio hizo el mejor y más bello regalo posible a su nuevo amo, pero también a su patria, componiendo la *Eneida*. Reunió los elementos dispersos de la vieja leyenda que relacionaba a los romanos —y muy especialmente a Octavio, heredero de César— con la raza de los dioses. De paso justificaba la conquista romana —devolviendo la buena conciencia a los conquistadores— y la dictadura establecida de hecho por el vencedor de Accio. Había creado una nueva forma de poder, que no era la realeza (desde los Idus de Marzo ya no era posible), pero conservaba su carácter religioso y elevaba al Jefe por encima de su condición de simple mortal. En sus versos aparecía el «piadoso Eneas», jefe militar y sacerdote, intérprete de la voluntad divina, marcado por el destino, invencible en el campo de batalla y guía infalible en tiempos de paz. Así aparecía Octavio, arquitecto del nuevo orden. Y para expresar un carácter tan complejo, se inventó un nombre que se concedió solemnemente al joven príncipe en 27 a. C. Se lo llamó «Augusto», lo que significaba que estaba investido de una misión divina y que sería impío no obedecer a sus órdenes.

Toda la historia del reino de Augusto se resume en sus esfuerzos por traducir a la realidad y los hechos este carácter casi milagroso de su persona. Quiso respetar las formas tradicionales, aunque hubieran perdido casi todo su contenido. Conservó el consulado, pretores, ediles y tribunos, pero, de hecho, les quitó sibilinamente toda su importancia real. Mientras el consulado conservó cierta autoridad, él mismo fue cónsul. Un buen día, ya no quiso serlo; había encontrado otra forma de sujetar las riendas del Estado. Fue el primero en el Senado, y sus palabras decantaron siempre la decisión. Fue el único jefe de los ejércitos —el *imperator*—, origen del nombre con el que lo designamos: fue el emperador. Gobernó la mayoría de las provincias insuficientemente pacificadas o limítrofes con una frontera peligrosa por medio de lugartenientes que eligió sin rendir cuentas a nadie. Poseyó inmensos territorios, recursos considerables, que administró sin control alguno. Poco a poco, el viejo Estado romano se desdobló: el Senado conservó sus atribuciones, pero el emperador levantó a su lado una maquinaria administrativa que sólo dependía de él. Pronto, después de Augusto, uno de estos dos cuerpos fue languideciendo y el otro experimentó un crecimiento desmesurado. El Senado, antiguo centro del mundo, se fue convirtiendo, casi sin darse cuenta, en el consejo municipal de Roma, y ya no volvió a ser más que eso.

Pero no todo el mundo estaba contento con el nuevo orden, que cedía demasiado espacio a un único hombre y demasiado poco al resto de los ciudadanos. Empezaron a tejerse conspiraciones. Pero ninguna salió bien. Augusto tenía más suerte que César. O quizá tenía más tiempo para organizar una policía más eficaz. Augusto fue más afortunado que César sobre todo porque llegó al poder mucho más joven que su padre adoptivo y, como tuvo una vida bastante larga (murió en 14 d. C., a la edad de 76 años), tuvo tiempo para amoldar Roma a su gusto. Cuando desapareció, sólo los más ancianos habían conocido los tiempos de la libertad. Ya era demasiado tarde para luchar contra costumbres que se habían hecho irresistibles. Ésta fue seguramente una de las razones que más pesaron para que el Imperio se mantuviera y se evitara la vuelta a la República.

Augusto se pasó la vida buscando a un sucesor. Un primer matrimonio le había dado una hija, Julia, pero su segunda mujer, Livia, que ya había dado a luz dos hijos, no le dio ninguno.

Entonces quiso, a toda prisa, tener al menos nietos y, para ello, ofreció la mano de su hija a su propio sobrino, el atractivo Marcelo. Pero Marcelo murió antes de ser padre. Julia recibió inmediatamente un segundo marido, el fiel compañero de Augusto, Vipsanio Agripa. Era mucho mayor que ella y tan apagado como Marcelo había sido brillante; fue un buen administrador y su principal mérito, descontando los servicios prestados en el campo de batalla durante la guerra civil, era haber reorganizado la red de acueductos y alcantarillados de Roma. También había creado un estadio en el Campo de Marte, con una bonita piscina de agua fría y baños. Aceptó la nueva tarea que le impuso Augusto. Se convirtió en el marido de Julia y al poco tiempo le había dado dos hijos, Cayo y Lucio. La alegría de Augusto fue inmensa. Se habían cumplido sus deseos. Los dioses habían escuchado sus plegarias y renovaban la vieja alianza con los descendientes de Eneas. Desgraciadamente, estos dos jóvenes, que desde pequeños todo el mundo consideró como los sucesores del príncipe, murieron a los 20 años. Primero falleció Lucio, en 2 d. C., y Cayo le siguió poco después. Augusto tuvo que resignarse a buscar un sucesor entre los hijos de Livia. De los dos hermanos, sólo seguía vivo el mayor, Tiberio, un hombre sombrío, que había sido el tercer marido de Julia tras la muerte de Agripa y que había tenido que separarse de ella porque lo engañaba indignamente. Augusto no sentía gran simpatía por él. Lo eligió porque no había nadie más en su casa que pudiera garantizar la pervivencia de su obra. Pero, en el fondo de su corazón —y esto es algo que Augusto no debió sospechar—, Tiberio era republicano.

Al morir Augusto, en Campania, en una villa en las laderas del Vesubio, entre viñedos y vergeles, Livia se apresuró a tomar las medidas necesarias para transmitir los poderes a Tiberio.

Éste, con menos prisas, se dejó llevar. Diríase que estaba esperando a que se produjera un movimiento a favor de la República. Pero nadie se movió. Los senadores se deshicieron en adulaciones. No había otra solución, era preciso aceptar el Imperio y ocupar el lugar de Augusto. Así fue como el gobierno del Imperio Romano, después de haber estado en manos de un solo hombre a raíz de una larga serie de guerras, siguió estándolo porque la élite romana no se molestó en reivindicar las responsabilidades que ya no tenía el coraje de asumir.

Capítulo 10

La Roma de los Césares

En la época en que Roma cayó en manos de Augusto, el Imperio se extendía desde Gibraltar hasta las costas del mar Negro y desde el paso de Calais hasta el desierto de Siria. Augusto había añadido Egipto y, sin llegar a anexionarlo oficialmente, lo había transformado en un gran coto privado, del que era único propietario. En adelante, los emperadores romanos seguirían siendo los «reyes» de Egipto, que conservaría su administración tradicional y donde ningún senador podría entrar sin una autorización expresa muy difícil de conseguir. César había querido penetrar más en Asia. Antonio se había topado con el Imperio Parto y había tenido que dar marcha atrás. Los partos se seguían vanagloriando de la derrota que habían infligido a Craso en 53 a. C. y el honor romano debía ser vengado. Augusto, poco predispuesto a implicar a sus ejércitos en aventuras cuyo final no podía vislumbrar, prefirió zanjar la cuestión pacíficamente y, tras largas negociaciones, consiguió que los partos le devolvieran las banderas sustraídas a las legiones de Craso y los prisioneros que habían sobrevivido. Las banderas llegaron a Roma y fueron consagradas en el templo de Marte Vengador. Los prisioneros, en cambio, pusieron dificultades. Muchos se habían casado en el país; cultivaban algún huerto o se dedicaban al comercio. Habían olvidado a Roma y a su patria. Pocos accedieron a regresar a Italia, lo que puso de manifiesto que los gobiernos y los pueblos tienen mejor memoria que los hombres cuando se encuentran solos y reducidos a sus propias fuerzas.

Había otros puntos del Imperio expuestos a la amenaza de ataques. Eso era especialmente cierto en el caso de las fronteras del Rin y del Danubio. Augusto hubiera deseado, una vez más, encontrar una vía diplomática para resolver el problema. Pero ¿cómo llegar a acuerdos duraderos con tribus medio salvajes? En cuanto un jefe parecía haber formado una especie de reino, una rebelión terminaba con él. Ante este universo cambiante sería necesario construir un dique. Tras las exitosas campañas de Tiberio y Druso, los hijos de Livia, Augusto creó varias provincias fronterizas al norte de los Alpes. El problema era más complejo a orillas del Rin. Una serie de intensos *ataques* a lo largo y ancho del territorio germano parecían haber puesto en marcha la pacificación de todo el país. Pero una terrible rebelión estalló bruscamente al final del reino de Augusto, en 9 d. C.: el general romano Varo volvía hacia sus cuarteles de invierno, en Westfalia, cuando se vio sorprendido por una horda de queruscos, a las órdenes de un tal Arminio (Hermann), considerado hasta entonces un amigo y colaborador de los romanos. El ejército de Varo quedó completamente destruido mientras atravesaba el bosque de Teutoburgo. Los prisioneros fueron masacrados atrozmente; y los que sobrevivieron, vendidos como esclavos. Augusto quedó conmocionado al enterarse de ese desastre. Mucho después, aún seguía llamando algunas noches a Varo y reclamándole sus legiones. La revuelta de Arminio puso fin a los proyectos de romanización de Germania. La frontera quedó establecida en el Rin. A partir de entonces, en ese río terminaba el Imperio.

Augusto transmitió a sus sucesores la idea de que era una locura intentar agrandar el Imperio. Y, de hecho, los intentos de conquista serían en lo sucesivo bastante limitados. Sólo dos salieron bien: la conquista de Bretaña, emprendida por Claudio y continuada hasta mediados del siglo II d. C. con diversa fortuna, y la de Dacia (el bajo valle del Danubio, en la actual Rumania), a cargo de Trajano. ¿Por qué Roma, tanto tiempo conquistadora durante la República, se volvió tan pacífica en cuanto quedó sometida a un emperador? Quizá se entienda recordando que la última gran conquista, la de la Galia, se debió exclusivamente a la ambición de César y que el Senado no sólo no le encomendó esa misión, sino que la llevó a cabo sin su autorización.

Después de Augusto, fue inconcebible que un general ambicioso comprometiera de aquella manera los ejércitos que se le habían encomendado. Cualquier iniciativa de conquista sólo podía provenir del emperador. Y la mayoría de los emperadores romanos fueron pacíficos. Prefirieron velar por la prosperidad general a agotar a las provincias con reclutamientos de soldados y usar el dinero de los impuestos en grandes obras públicas para uso de la plebe romana. Se pensó en cavar puertos, secar lagos y abrir caminos, y no en ampliar un imperio inmenso. En su conjunto, los emperadores romanos fueron buenos, excelentes administradores, que garantizaron, tanto como pudieron, la abundancia material, e hicieron reinar el orden, la justicia y la paz.

Los historiadores antiguos, y sobre todo Tácito, nos han legado el recuerdo de los desórdenes que agitaron el entorno de los emperadores y la propia ciudad de Roma; fueron mucho

más discretos en lo que hace al conjunto del Imperio y, si al leer
sus obras, nos embarga la impresión de que la historia del primer siglo del régimen imperial no es más que un montón de
abominaciones y crímenes, eso no debe ocultarnos el hecho
de que ese mismo régimen fue aceptado con gratitud por millo-
nes de personas, y que a la sombra del poder romano se crearon y prosperaron incontables ciudades. El recuerdo de la conquista se había olvidado; los antiguos «súbditos» ahora eran
ciudadanos que administraban por sí mismos los asuntos de su
patria chica sin que intervinieran los agentes imperiales o el
gobernador. Por eso no nos sorprende encontrar, aún hoy, en
cualquier sitio, inscripciones en honor a los emperadores, que
hablan de la gratitud de los habitantes de las provincias. Se eri-
gieron estatuas y se levantaron templos en honor a los emperadores. Podría pensarse que se trataba de mera adulación, pero
la prosperidad de las ciudades de las provincias es un hecho
evidente: la población creció, hubo que construir plazas públicas, mercados y cada vez más baños. Se trata de testimonios
inapelables: los felices efectos de la «paz romana» se inscriben
en el suelo, en las ruinas que los arqueólogos descubren y a las
que arrancan cada vez más secretos.

La primera ciudad que se benefició de estas transformacio-
nes fue, por supuesto, Roma. César fue el primero. Augusto
prosiguió su obra y prácticamente no hubo ni un emperador
que no intentara, en lo sucesivo, embellecer la capital. A finales del siglo I d. C., Roma poseía una serie de plazas públicas
incomparable con nada que se hubiera visto antes en una ciudad. El viejo Foro republicano se había quedado demasiado
pequeño para recibir a las masas que fluían hacia Roma. César
construyó, como hemos recordado, el primer Foro «imperial».
Augusto añadió un conjunto análogo y después vinieron los

Foros de Vespasiano, de Nerva, de Trajano, que ocuparon todo el espacio comprendido entre el viejo Foro y el pie del Quirinal y del Viminal: a cada uno de ellos le correspondía un templo, el de la divinidad que reivindicaba el Emperador en cuestión. En el caso de Augusto, era Marte Vengador; en el de Vespasiano, la Paz; en el de Nerva, Minerva; y finalmente en el de Trajano… él mismo. En torno a cada foro imperial, se levantaban pórticos y allí se podía pasear a resguardo del sol y de la lluvia; a los pórticos daban grandes salas con bancos, donde se reunían los «intelectuales», los conferenciantes podían hacerse escuchar y los filósofos y los maestros de retórica impartían su enseñanza. En el Foro de Vespasiano y el de Trajano, las bibliotecas disponían de las obras en lengua griega y latina que los sabios quisieran consultar. A medida que uno se adentraba en esta red de pórticos y plazas embaldosadas, se encontraba con una calma cada vez mayor. Ni un carro ni un grito de mercader; los rumores de la ciudad quedaban lejos; llegaban hasta aquí por encima de los gruesos muros del recinto. A veces, se distinguía el humo de un sacrificio ofrecido en algún templo ascendiendo hacia el cielo; y olía a carne asada o a incienso, según lo exigiera el rito.

La vida activa se desarrollaba sobre todo en las dependencias del Foro de César, donde se encontraban los banqueros, y en las basílicas del viejo Foro. También se construyeron allí, en tiempos de Augusto, calles comerciales parecidas a las de los zocos de las ciudades orientales: mercaderes de joyas y orfebres ocupaban la calle que va del Foro al Gran Circo; colindaban con las de los comerciantes de telas lujosas, entre las que siempre destacaban los tintes púrpuras sirios. Damasco y Mileto enviaban sus alfombras y sábanas bordadas. Las especias, que llegaban desde la India a través de Arabia y Egipto o del desierto de Siria, se acumulaban en otros «zocos». Los romanos consumían grandes cantidades de plantas aromáticas, para uso culinario y también para los perfumes que tanto les gustaba ponerse después del baño. Se usaban como ofrendas a los muertos, y las piras fúnebres consumían, año tras año, montones de ellas.

Fue también a principios del Imperio cuando se pusieron de moda las «termas». Al principio no eran más que gimnasios a la griega, donde los jóvenes se dedicaban a los ejercicios corporales; después de correr, lanzar la jabalina, luchar, saltar, iban a «tomar un baño». Con el tiempo, la clientela de estos baños aumentó cada vez más. Los jóvenes, que eran hombres hechos y derechos, seguían sintiéndose a gusto en su gimnasio, donde se encontraban entre amigos de la misma edad o de la misma «quinta», como diríamos hoy en día. Naturalmente, con los años, perdieron vigor y se entretuvieron caminando por los pasillos, mirando cómo los más jóvenes —sus hijos, pronto sus nietos— repetían los mismos ejercicios que antaño hacían ellos. Paseaban, jugaban a la pelota de dos en dos, de tres en tres o de cuatro en cuatro, y, como era demasiado cansado inclinarse a recogerla, había pequeños esclavos que corrían detrás de la pelota para dispensar a los amos de semejante esfuerzo. Se entiende que los romanos le tomaran el gusto a las «termas» y pasaran allí todas las horas de la tarde, haciéndose masajear, rociar con aceite, perfumar, lavar, ya fuera en baños turcos o en piscinas de agua fresca. Al terminar el baño, se reunían entre amigos, siempre los mismos, bajo los pórticos, para jugar a las damas, al chaquete (los llamados *latrunculus* o «juego de soldados»), comer los dulces que vendían los camareros de la taberna, beber un dedo de vino endulzado con miel o comentar las noticias de la ciudad y del Imperio: «Nuestro señor le ha pedido a tal senador que se abra las venas» o «La tercera Legión, en el Danubio, se ha distinguido al rechazar un ataque de los dacios» o incluso «Se dice que el rey de Armenia ha enviado una embajada al emperador; ¿crees que evitaremos la guerra por allí?».

Estas horas pasadas en las termas eran la recompensa al trabajo cotidiano, a las horas que los clientes pasaban frente a la puerta de la casa de su poderoso patrono, a quien debían saludar al amanecer para conseguir la *sportula*, la modesta ayuda en alimentos o dinero que les permitiría comer aquel día; o, en el caso de los artesanos y los mercaderes, a las interminables mañanas, las pesadas tardes en locales sin aire, atestados de imponentes mercancías entre las que resultaba difícil moverse. Se ha dicho, con mucho acierto, que las «termas eran las villas de la plebe». No es de extrañar que los emperadores «amigos del pueblo» las multiplicaran, desde Nerón, que construyó el primer «gimnasio» en el Campo de Marte, hasta Diocleciano, que hizo construir esos baños monumentales, de un esplendor inigualable, que las destrucciones de los siglos apenas han afectado, y que hoy en día albergan, además de una gran iglesia, el Museo Nacional Arqueológico de Roma.

Roma no sería Roma si no evocáramos también los circos y los anfiteatros donde se celebraban los juegos. En realidad, no habría que olvidar que el Coliseo, que para la imaginación sigue siendo el símbolo de la Roma imperial, fue construido sólo hacia 80 d. C. y que es diez años posterior a la muerte de Nerón. Los primeros juegos de Roma se organizaron en el Gran Circo y prácticamente sólo había carreras de caballos. Más adelante, por influencia de etruscos y campanianos, se impuso la costumbre de celebrar combates de gladiadores. Era una forma suavizada de hacer sacrificios humanos que, en el caso de los etruscos, solían acompañar a los entierros de los grandes señores, como en tiempos de Homero, que nos cuenta cómo, para honrar a Patroclo, Aquiles inmoló a prisioneros troyanos. Pero poco a poco, los romanos dejaron de sacrificar a prisioneros inocentes y los sustituyeron por voluntarios que combatían entre sí por dinero. Durante mucho tiempo, estos combates se celebraron en el foro. Los días de combate, se levantaban andamios de madera, los espectadores se amontonaban como podían en los techos de los edificios colindantes y miraban cómo dos o tres pares de gladiadores luchaban, espada en mano, hasta que alguno se desplomaba. A los verdaderos romanos, de vieja estirpe, no les gustaban demasiado estos entretenimientos abominables. Pero durante el imperio hubo muchos provincianos entre la plebe, orientales e italianos del sur —donde los combates de gladiadores eran muy apreciados—, y estos juegos se multiplicaron. Finalmente, Tito decidió construir un anfiteatro permanente, el mayor del mundo. Y se levantó el Coliseo, cuyas ruinas podemos contemplar aún hoy. Allí, decenas de miles de espectadores pudieron ver cómo morían otros hombres, aplaudir la habilidad de los espadachines o estremecerse contemplando el combate desigual entre una fiera y un condenado. Pero no olvidemos, antes de horrorizarnos, que ésos no eran los únicos espectáculos que se ofrecía a la plebe: no todos los animales estaban destinados a matar hombres, ni a devorarse unos a otros. Muchos eran «animales sabios», que daban vueltas, como en los circos modernos; otros eran curiosidades que se mostraban al pueblo, como los avestruces, las jirafas y todo tipo de animales de países lejanos. En muchos casos, los condenados que eran arrojados a los leones o a los osos eran bandoleros con muchos crímenes a sus espaldas, que habían torturado a viajeros, masacrado, saqueado e incendiado.

Y si bien, de vez en cuando, la justicia confundía a simples fugitivos, que no tenían nada que reprocharse, más allá de haber intentado huir de un amo inhumano, con auténticos culpables, esto se debe a que la conciencia de los hombres no ha sido siempre sensible a los mismos escrúpulos y no al hecho de que los romanos, tomados uno a uno, fueran más crueles o depravados que los hombres de nuestra época, que también son capaces, por demás, de tolerar mil horrores (aunque a veces los desaprueben de la boca para fuera) que los romanos no podían ni imaginar.

Los primeros sucesores de Augusto prosiguieron el régimen que les había legado el fundador del Imperio. El Senado se había vuelto incapaz, por diversas razones, de recuperar el control real del poder y ya no era más que un consejo de antiguos magistrados, donde se reclutaba a los comandantes de los ejércitos y a los gobernadores. Pero la iniciativa del gobierno ya no le correspondía como en los viejos tiempos. El motor del Imperio era otro: la persona misma del emperador. Y el drama fue que, durante más de medio siglo, después de Augusto, los emperadores fueron personajes extraños: después de un anciano amargado, Tiberio, le tocó el turno a un loco, Calígula, y después, con la llegada de Claudio, a un ser raro, que de niño había sido considerado totalmente desprovisto de espíritu y que, tras subir al poder por casualidad —porque estaba por ahí, en el Palatino, cuando fue asesinado su sobrino Calígula y porque los pretores no encontraron a nadie más a mano—, alternó las medidas más sabias con las más raras, y aunque hizo correr la sangre se dejó tomar el pelo por sus sirvientes y mujeres, hasta el extremo de convertirse en el hazmerreír de todo el mundo. Cuando finalmente Claudio fue asesinado por su última esposa, que era también su sobrina, Agripina, fue llamado al poder Nerón. Los senadores, a los que Claudio había intentado excluir de la administración, depositaron todas sus esperanzas en este joven que, por línea materna, descendía directamente de Augusto y parecía querer volver a las tradiciones casi olvidadas del fundador.

Durante los primeros años de su reinado, Nerón mantuvo las promesas que se habían hecho en su nombre. Detrás del emperador se ocultaba la firme voluntad de Séneca, un filósofo comprometido hasta la médula con la tradición romana y garante, a ojos de sus colegas del Senado, de las buenas intenciones del joven emperador, que era su alumno y le obedecía respetuosamente. Pero el desgaste del poder no tardó en debilitar el prestigio de Séneca. Nerón llegó a afirmar su propia voluntad. De espíritu novelesco, dotado de una sensibilidad muy aguda, artística y a veces incluso mística, se tomó muy en serio el carácter religioso del emperador. Quiso convertirse en dios, así que empezó a mostrarse en público tocando la lira y cantando, como Apolo, y conduciendo carros de caballos. Sólo los griegos y los orientales, y la plebe romana, lo entendieron. Pero los romanos «serios» estaban escandalizados. No querían obedecer a un «histrión» y tejieron la mayor conjura nunca vista. Sin embargo, el gran número de conspiradores hizo que no se pudiera guardar el secreto. La amenaza llegó a oídos de Nerón y detuvo a los sospechosos. Se sucedieron las condenas a muerte. Entre las primeras víctimas, Séneca, y tras él casi todos los senadores de la oposición. Una vez diezmado el Senado, Nerón se fue a Grecia, dejando Roma en manos de uno de sus servidores. Cuando regresó, tras ganar todas las coronas de los juegos tradicionales de Olimpia y Corinto entre otros, creyó que había ganado definitivamente la partida. Pero los acontecimientos lo desengañaron rápidamente. El gobernador de una provincia se declaró en disidencia. El Senado de Roma aprobó el gesto y proclamó la caída de Nerón. En pocas horas, el régimen fundado con tantos esfuerzos por Augusto se derrumbó. Acorralado, oculto en una ciénaga junto a uno o dos servidores, el dios Nerón, el nuevo Apolo, tuvo que suicidarse, y su cadáver fue mutilado por el populacho que apenas unos días antes se postraba a sus pies.

Nuevas guerras civiles se abatieron entonces sobre Roma. Galba, el gobernador disidente, acababa de hacer su entrada en Roma y recibir el título de emperador del Senado, cuando apareció un rival, Otón, antiguo compañero de Nerón. Éste, con una audacia rayana en la locura, rebeló contra Galba a los pretores de la guardia. Las diversas tropas de la ciudad lo secundaron y Galba, abandonado por todo el mundo, fue masacrado en pleno Foro, por los mismos soldados que un año antes le habían jurado fidelidad.

Sin embargo, en Germania se rebeló contra el emperador otro pretendiente: Vitelio, gobernador de la Germania inferior, que reunió a todas las legiones que montaban la guardia a orillas del Rin, les sumó algunos auxiliares galos, otros germanos, y descendió hacia Italia. Las tropas de Otón fueron derrotadas. Vitelio prosiguió su marcha hacia Roma y, entre las aclamaciones de la plebe, entró en la ciudad sin que nadie pudiera hacer nada para oponerse a esta usurpación brutal. Pero apenas nombrado emperador, por la fuerza de las armas, se supo de un nuevo levantamiento militar. Las legiones de Oriente, celosas de los laureles de los ejércitos de Germania, se habían declarado a favor de Flavio Vespasiano, a quien Nerón había encomendado reprimir la insurrección de los judíos. Estaba en Judea. Diversas profecías (que más adelante se aplicarían al cristianismo) decían que «la salvación vendría de Oriente» y los sacerdotes de las muchas religiones que se repartían a los fieles de Siria, Asia y Egipto declararon que Vespasiano era el salvador señalado por los dioses.

Vespasiano era un burgués italiano, que había hecho una carrera respetable en tiempos de los primeros emperadores; buen soldado, buen administrador, lleno de sentido común, era bastante distinto al señor refinado, sensible y entusiasta que había sido Nerón. Cuando le dijeron que los dioses le designaban para el Imperio sonrió y simplemente se preguntó si la gente que se lo aseguraba estaría realmente convencida de lo que decía. Por lo visto, sí lo estaba. Vespasiano fue conducido entre la multitud que abarrotaba los templos hasta Alejandría; en la muchedumbre había enfermos que sanaban por poco que Vespasiano les acariciara la cabeza. Él no estaba muy seguro de que se tratara de verdaderos enfermos, pero todo el mundo celebró el milagro y él no dijo nada. Así es como unificó a su alrededor a los pueblos de Oriente, mientras los ejércitos, comandados por Muciano, uno de sus amigos, que había ligado su destino al suyo, marchaban sobre Italia y arrebataban el poder a los partidarios de Vitelio. A Roma le tocó sufrir terriblemente durante la lucha. Se combatió en la ciudad, el Capitolio tuvo que soportar un sitio en toda regla. El templo de Júpiter fue incendiado, lo que se interpretó como una señal enviada por los dioses: no se sabía muy bien qué señal, pero todo el mundo estaba de acuerdo en la importancia del acontecimiento. De hecho, Muciano no tardó en derrotar a los soldados de Vitelio y cuando Vespasiano regresó de Oriente, unos meses más tarde, el Imperio era suyo.

Vespasiano fundó una nueva «dinastía», la de los Flavios: su apellido era Flavio. Asoció a su hijo mayor, Tito, en el ejercicio del poder. Tito era un joven muy brillante, que había seducido con su encanto a cuantos se le habían acercado, mientras acompañaba a su padre en Judea; había hecho mucho por la popularidad de su padre entre los soldados y sus oficiales. Cuando Vespasiano fue nombrado emperador, Tito prosiguió solo la guerra en Judea y tomó por asalto Jerusalén. Aún hoy, al pie del Palatino, hay un arco de triunfo que recuerda la victoria de Tito, y en un bajorrelieve se aprecia el candelabro de siete brazos del Templo de Jerusalén que los soldados romanos trajeron como botín de la victoria. Desterrados de su país, una gran cantidad de judíos emigró por todo el mundo. Muchos se reunieron con sus hermanos de raza instalados en el Tíber, en Roma. En estos círculos judíos es donde proliferó al principio la doctrina cristiana, que al poco tiempo se extendió a ciertas capas de la sociedad romana, que estaba lista para recibir las religiones llegadas de Oriente, acostumbrada, por obra de los filósofos estoicos y platónicos, a aceptar la existencia de un único dios, creador del mundo, respecto al cual todas las divinidades tradicionales del paganismo no eran más que servidores o demonios, intermediarios entre la divinidad y los mortales. Pero la incipiente religión cristiana era más exigente que una creencia filosófica e incluso que las prácticas de otras religiones orientales; suponía la aceptación total de un tipo de vida que marcaba al cristiano y hacía de él un ser aparte en la «comunidad» romana. Un cristiano no podía hacer sacrificios a los dioses nacionales. Tampoco podía, por lo que parece, prestar juramento al emperador de acuerdo con las formas ordinarias. Además, con calumnias se acusó a los cristianos de reunirse en secreto por las noches y dedicarse a prácticas abominables, como matar niños para leerles las entrañas. Se les acusó de ser los «enemigos del género humano» porque repetían aquello de que «su reino no era de este mundo», y que su Dios no triunfaría hasta el día en que regresara con toda su gloria y destruyera el mundo para dar paso al reino de la Justicia, en el que sólo los cristianos tendrían cabida.

Por todas estas razones, los magistrados, los jueces y el emperador mismo terminaron por considerar a los cristianos como delincuentes de derecho común, conspiradores y malhechores que había que borrar de la faz de la Tierra. Y así empezó una larga lucha entre la «secta» y el poder. Lucha de innumerables peripecias, con períodos de tolerancia interrumpidos por violentas persecuciones. Finalmente, a principios del siglo IV, tras una crisis que había estado a punto de arrastrar al Imperio hasta su final, Constantino decretó que el culto cristiano se convertiría en una religión oficial. Aparentemente, se trataba a sus ojos de hacer participar en la conservación del Imperio a todo un sector de la población, cada vez más importante; de ganarse el favor, con el vínculo del reconocimiento, de numerosas iglesias, mitad clandestinas, mitad confesas, que congregaban a fieles a lo largo y ancho de las provincias. ¡Pero cuánto sufrimiento habían tenido que padecer entretanto los cristianos y cuántas discordias las familias más nobles, en las que alguien abrazaba la nueva fe a pesar de la resistencia o la desaprobación de los suyos! ¡Y cuántos muertos, cuántos mártires, conscientes de su inocencia, condenados al suplicio por jueces totalmente convencidos de estar liberando a Roma de temibles enemigos!

Bajo el reinado de Tito, Roma conoció varias catástrofes: una peste, un gran incendio. Además, el Vesuvio entró en erupción y sepultó bajo las cenizas y el barro a tres ciudades de la Campania: Pompeya, Herculano y Estabia. ¡Y Tito apenas reinó dos años!

Le sucedió su hermano menor, Domiciano, el último de los emperadores Flavios. Juvenal y Plinio el Joven hablan de Domiciano en muy malos términos, pero escribieron durante el reinado de su sucesor. Marcial y Estacio, dos poetas cortesanos, que vivieron bajo su reinado, hablan muy bien de él. Acaso ambas opiniones estén igualmente justificadas, según se considere el principio o el final de su reinado. Fue un gran constructor y reparó los destrozos causados por el gran incendio del reinado de Tito; acabó el Coliseo, continuó la serie de foros imperiales y legó a los emperadores un magnífico palacio, sobre el Palatino. También se mostró activo en las fronteras, en Bretaña y en Germania, pero al final de su vida conoció el miedo, un terror enfermizo a las conjuras. Además, odiaba a los senadores porque lo despreciaban y sabía que en otros tiempos habían halagado a los príncipes mientras planeaban pérfidamente asesinarlos. Al final, sucedió lo que tanto temía. Su propia mujer conspiró en su contra y él murió a manos de sus propios oficiales. Con él, desaparecía la segunda dinastía imperial romana.

Capítulo 11

La muerte de un Imperio

Tras la muerte de Domiciano, se ahorró a los romanos la catástrofe de otra guerra civil. El Senado eligió emperador a Nerva, un anciano con fama de hombre justo y sabio. Y Nerva demostró su sabiduría eligiendo él mismo a su sucesor, mucho más joven que él, un militar capaz de resistir cualquier intento de rebelión. El elegido fue Trajano. Y con Trajano empezó la más gloriosa de las dinastías imperiales, la de los Antoninos. A ellos les corresponde el mérito de haber hecho reinar la paz en el mundo durante cerca de un siglo prácticamente sin interrupción, época en la que las provincias conocieron una prosperidad sin precedentes. Después de tantos siglos, quizá tengamos la impresión de que este período feliz «no tiene historia», acaso porque los escritores antiguos no le han dedicado obras tan importantes como las de Tácito, por ejemplo, sobre el período anterior, el de los sucesores directos de Augusto. De hecho, no faltaron intrigas de palacio ni guerras fronterizas, puesto que Trajano conquistó el país de los dacios, en el Danubio inferior, expulsó a los partos de su imperio y extendió la dominación romana más allá del Éufrates, aunque finalmente tuvo que retroceder más o menos hasta los antiguos límites.

En el palacio surgieron rivalidades y escándalos, en los que las emperatrices desempeñaron su papel más o menos como lo habían hecho la hija de Augusto, Julia, y su nieta, Julia la joven, o las mujeres de Claudio, en especial la famosa Mesalina. Se afirma que Adriano, sucesor de Trajano, debió su coronación a los favores de la emperatriz Plotina. También se dice que Faustina, la mujer del emperador Antonino Pío, no le fue demasiado fiel. Pero todos estos escándalos, estas habladurías, no impidieron que los Antoninos fueran considerados los más perfectos y justos de los príncipes, y se los admiró mucho por la sabia decisión de transmitir el poder por adopción, aparentemente al «más digno», aunque en realidad podamos sospechar que cada cual eligió a un hijo fruto de alguna relación clandestina.

Durante este período, la literatura romana, que había producido grandes obras en tiempos de Augusto y Nerón, e incluso en los de Domiciano y Trajano, se fue empobreciendo. Los escritores en lengua griega eran los únicos con cierta fecundidad. Los poetas latinos ya no sabían imitar a sus predecesores. En las provincias se imponía la cultura griega. Sólo un autor, un africano llamado Apuleyo, escribió aún, probablemente bajo Marco Aurelio, hacia mediados del siglo II d. C., una gran obra en latín. Fue una narración, que tituló *Las metamorfosis* y que contiene varias historias muy amenas, como la de un joven que se quería iniciar en la magia, creyó convertirse en pájaro y en realidad se convirtió en un asno. También fue Apuleyo quien introdujo en su libro el bonito cuento de Amor y Psique, los dos amantes que fueron felices mientras ella aceptó no conocer a su amado y que perdió la felicidad la noche en que ella fue presa de la curiosidad.

Pero, aunque Apuleyo escribía en latín, pensaba como un griego. Le enorgullecía autoproclamarse un «filósofo platónico». Todas sus creencias religiosas venían de Oriente. Y las provincias occidentales, la misma Italia, iban siendo invadidas por el pensamiento griego. Roma había muerto espiritualmente antes de morir como potencia política.

Sin embargo, los emperadores seguían sucediéndose en el Palatino. Después de Trajano, vino Adriano, gran viajero, ferviente admirador de todo lo griego, que reunió en su ciudad de Tibur, en las cercanías de Roma, todos los paisajes célebres del Imperio. Antonino Pío, excelente administrador; Marco Aurelio, el emperador estoico, hombre de gran honestidad y perseguidor de cristianos. Por último, Cómodo, su hijo, de quien se ha dicho que en realidad era hijo de un gladiador, porque le gustaba bajar a la arena y luchar personalmente contra las fieras. Pretendía imitar a Hércules, gran exterminador de monstruos, así como antes Nerón había imitado a Apolo, el dios músico. Cómodo no compartía las virtudes de sus predecesores. Fue castigado por una rebelión militar y, finalmente, murió asesinado en su propio palacio.

Cómodo murió, quizá, por haber querido instituir una monarquía de esencia religiosa. Posteriormente, la idea se desarrolló —ya estaba en germen en el pensamiento de Nerón y había progresado lentamente bajo los reinados de los Antoninos— y tras el reinado de Septimio Severo, un africano, el poder pasó a Sirios, cuya familia llevaba generaciones al servicio del rey Sol, en la ciudad de Emesa. Ya no era Roma la que gobernaba el mundo, sino el mundo el que delegaba al Palatino sucesivamente a todos los personajes que creía aptos para ejercer el poder. Así, por ejemplo, el emperador Heliogábalo, sucesor del segundo hijo de Septimio Severo, Caracalla, era un sacerdote del Sol, originario de Emesa, en Siria. Todavía era muy joven, apenas un adolescente, cuando las legiones del país lo proclamaron emperador. Hizo su entrada en Roma en un extraño traje, con la cara maquillada y con los brazos, las piernas y el cuello repletos de joyas. Pero Roma no se indignó. Estaba dispuesta a aceptar a los amos más estrafalarios, por la sencilla razón de que ya no quedaban romanos ya que la raza italiana había quedado diluida por las oleadas cada vez más numerosas de inmigrantes llegados de todos los puntos del horizonte. El palacio imperial se parecía más que nunca a los serrallos de Oriente. Detrás de Heliogábalo, quien movía los hilos era Julia Maesa, su abuela; también fue ella la que lo mandó asesinar el día en que dejó de ser un instrumento útil. Unos años más tarde, tras el reinado excelente, aunque demasiado breve, de Alejandro Severo, el Imperio sucumbió a la anarquía.

No es fácil discernir las razones que precipitaron al vasto Imperio Romano, hasta entonces tan compacto, en un espantoso caos, en el que cada comandante del ejército se declaraba emperador e iniciaba su marcha sobre Roma, casi siempre interrumpida por la intervención de otro pretendiente. En las fronteras, los bárbaros se volvieron cada vez más amenazantes y penetraron en las provincias; los emperadores de turno se agotaban en su lucha contra enemigos que no cesaban de reproducirse.

A decir verdad, todos estos males ya habían existido antes. Las incursiones bárbaras no eran nuevas ya que el mismo Augusto había tenido que hacerles frente. Las rebeliones militares tenían, además, una larga tradición. Pero estos dos males habían dejado de ser accidentales para convertirse en crónicos, y se manifestaban juntos, lo que los hacía aún más peligrosos. Sin embargo, por encima de todo, el Imperio Romano se estaba convirtiendo en un inmenso cuerpo sin alma. El alma romana se había ido extinguiendo mientras los emperadores golpeaban sin tregua a la vieja aristocracia. Roma había conquistado su Imperio porque formaba una colectividad fuerte, de hombres que compartían un mismo ideal y que obedecían a los mismos instintos políticos. Los gérmenes de la decadencia minaron al Estado cuando el poder pasó a manos de un solo hombre y su ejercicio se encomendó, no ya a magistrados sino a funcionarios de responsabilidades demasiado exiguas, blandos ejecutores de la voluntad de un soberano lejano, bastante mal informado de los verdaderos problemas. El Imperio era demasiado grande. Por mucho que se desarrollaran medios de transporte y de comunicación, y se organizara (admirablemente) un correo imperial, seguían quedando inmensos territorios al margen de la vida política. Las fronteras eran demasiado extensas. El emperador debía tomar personalmente las riendas de los ejércitos en las zonas amenazadas. No se atrevía a delegar fuerzas demasiado importantes a generales, por miedo a que se rebelaran. Todas estas dificultades terminaron creando condiciones que prácticamente imposibilitaban el ejercicio del poder.

Sin embargo, a finales del siglo III se produjo un sobresalto. Los oficiales del ejército de Iliria decidieron instaurar una dictadura militar para hacer frente al peligro más grave, el que amenazaba a Roma desde el exterior. En 270, Aureliano, hijo de un simple campesino de Panonia, fue proclamado emperador por sus soldados. Atacó a los bárbaros con una tremenda energía y mandó que todas las ciudades romanas se prepararan para la defensa. De aquella época es la gran muralla que hasta el día de hoy rodea Roma y que hasta el siglo XIX fue prácticamente su única protección. Germanos, godos, árabes y egipcios rebeldes fueron aplastados. Simultáneamente, Aureliano restableció el orden en la administración interior, una moneda más sana, organizó corporaciones, se esforzó por revalorizar tierras sin cultivar y llegó a expropiar a propietarios negligentes... En resumen, restauró, con todas sus fuerzas, el Estado. Pero los remedios ingeniados por Aureliano no sirvieron más que para prolongar la agonía.

Unos años después de la muerte de Aureliano, subió al poder un nuevo emperador, Diocleciano, un dalmacio, y prosiguió su obra. Se inspiró en los mismos principios y perfeccionó el sistema. Consciente de la amenaza que suponía la inmensidad del Imperio, asoció a «emperadores adjuntos». A partir de entonces hubo cuatro emperadores; dos de ellos ostentarían el título de Augusto —Diocleciano y Maximiano— y dos serían simples «Césares» —Galerio y Constancio—, adscritos a los dos Augustos. Así es como el Imperio dispuso de cuatro defensores eventuales, cuatro administradores que podían estar presentes tanto en Oriente como en Occidente, en las fronteras y en las provincias interiores. Diocleciano tenía al menos tanta energía como Aureliano y una voluntad igualmente firme de solucionar todo de forma «racional». Es decir, hizo crecer a la administración hasta el extremo de que se llegó a decir jocosamente que uno de cada dos romanos era funcionario. Los ciudadanos quedaban inscritos, al nacer, en una categoría que ya no podrían cambiar, al menos en teoría, porque en la práctica todo valía para reconquistar la libertad. Los precios estaban regulados por tarifas oficiales. Los servicios imperiales requisaban mercancías para abastecer los mercados públicos, pero los campesinos vendían todo lo que podían en el «mercado negro», lo que generaba penurias y a veces hambrunas. Mientras Diocleciano se mantuvo en el poder, el sistema siguió funcionando más o menos bien. Pero cuando abdicó, voluntariamente, para retirarse a su palacio de Spalato, en la costa dálmata, los guerreros lo asesinaron. Ni con toda la energía y la inteligencia del mundo se podía detener la descomposición de un Imperio que había perdido todas sus fuerzas vivas.

No obstante, al Imperio Romano aún le quedaban muchos años de vida por delante, aunque a principios del siglo IV experimentaría una profunda transformación. Constantino, que terminó tomando el poder, tras las guerras civiles que marcaron el final de la «tetrarquía», le asestó un golpe fatal al crear una segunda capital a orillas del Bósforo, la ciudad de Constantinopla, que se superpuso a la antigua Bizancio. Los romanos (¡o lo que quedaba de ellos!) ya no eran los amos del mundo. También esta ficción fue abandonada, y así empezó una nueva era. Constantino reconoció el cristianismo como religión oficial. Oriente adquirió, definitivamente, la supremacía. Occidente tuvo que pasar por la prueba de la dominación de los bárbaros antes de renacer.

Durante esta larga noche de los bárbaros, el Imperio Romano sólo sobrevivió en la imaginación de los hombres, como una luz cada vez más lejana, un pequeño resplandor que a veces se llegó incluso a perder de vista, hasta el día en que volvió a iluminar el mundo con el Renacimiento.